Sorria para o medo

Chögyam Trungpa

SORRIA PARA O MEDO

O despertar do autêntico coração da coragem

Organizado por
Carolyn Rose Gimian

Tradução:
Anna Olga Prudente de Oliveira

GRYPHUS

Título original
Smile at Fear – awakening the true heart of Bravery

Projeto editorial
Carolyn Rose Ginian

Revisão
Maria Helena da Silva

Editoração eletrônica
Rejane Megale Figueiredo

Capa
Julia Neiva

1ª edição – 2013
1ª edição – 3ª reimpressão – 2016

Adequado ao novo acordo ortográfico da língua portuguesa.

CIP-BRASIL. CATALOGAÇÃO-NA-FONTE

SINDICATO NACIONAL DOS EDITORES DE LIVROS, RJ

T972s

Trungpa, Chögyam, 1939-1987.
Sorria para o medo: o despertar do autentico coracao da coragem / Chögyam Trungpa; organizado por Carolyn Rose Gimian; tradução Anna Olga Prudente de Oliveira. – Rio de Janeiro: Gryphus, 2013.

Tradução de: Smile at fear : awakening the true heart of bravery
ISBN 978-85-60610-96-9

1. Coragem – Aspectos religiosos – Budismo. 2. Medo – Aspectos religiosos – Budismo. 3. Vida religiosa - Budismo. I. Gimian, Carolyn Rose. II. Título.

13-1943. CDD: 294.35
CDU: 24-584

Gryphus Editora
Rua Major Rubens Vaz, 456 – Gávea – 22470-070
Rio de Janeiro, RJ – Tel (xx21) 2533-2508

Uma poderosa inspiração do darma para despertar a nossa coragem e a sabedoria de nosso coração — de um dos mestres mais notáveis e brilhantes dos tempos modernos."

Jack Kornfield

Quando você se sente amedrontado, você tem que lidar com o medo, examinar o porquê de estar amedrontado, e desenvolver uma certa confiança. Você pode na verdade olhar para o medo. E então, o medo deixa de ser a situação dominante que vai derrotá-lo. O medo pode ser conquistado. Você pode se libertar do medo, se perceber que o medo não é o ogro. Pode pisar no medo, e assim será capaz de alcançar o que é conhecido como coragem. Mas para isso é preciso que, ao se deparar com o medo, você sorria.

— Chögyam Trungpa, *O Sol do Grande Leste*

Sumário

Prefácio

Este é um livro sobre todos os medos que temos, do pânico e ansiedade momentâneos aos maiores pavores que possamos enfrentar em relação a nossa vida e a nossa morte. Também é sobre as principais origens do medo e da ansiedade, que afetam a todos nós. O autor fornece conselhos práticos, mas não quebra-galhos. Ele procura ajudar-nos a transformar essencialmente nossas vidas e nossas percepções, para que possamos *conquistar* o medo, não apenas suprimi-lo por algum tempo. Para sermos verdadeiramente destemidos, ele sugere, devemos parar de fugir de nosso medo e começar a fazer amizade com ele. Devemos aprender a sorrir para o medo. Essa é uma parte fundamental da conquista.

Enquanto escrevo este prefácio, estamos no meio de uma dramática crise econômica causadora de imensas ondas de medo e ansiedade por todo o mundo. Parece ser um momento bastante apropriado para um livro que trata do medo. Entretanto, pela própria condição humana e pelo crescente caos mundial, talvez sempre seja um bom momento para examinarmos as questões acerca do medo e da coragem.

Chögyam Trungpa, um dos maiores mestres budistas do século XX, faleceu em 1987. No entanto, seus ensinamentos sobre a condição de guerreiro e a coragem espiritual parecem ter sido escritos exatamente para este momento da história. Ele achava que o Ocidente, e na verdade o mundo como um todo, iria enfrentar dificuldades imensas no século XXI, e falava a seus alunos acerca dessas possíveis dificuldades com um misto de confiança e realismo. Trungpa Rinpoche (Rinpoche é um título para grandes mestres que significa "o precioso") tinha certeza de que a humanidade seria capaz de lidar com o que poderia acontecer, mas também tinha certeza de que os desafios seriam enormes. Eu participei de sérias conversas com ele a respeito do futuro econômico e político da América do Norte e de outras partes do mundo.

O próprio Rinpoche era um homem que personificava a coragem e a compaixão. Em 1950, o Tibete, sua terra natal, foi invadido pelos comunistas chineses, e ele foi obrigado a deixar a região, em 1959, ao saber que sua cabeça estava a prêmio. Partiu a pé de uma região remota do Tibete Oriental para procurar refúgio na Índia, liderando um grupo de trezentos tibetanos em uma viagem que levou dez meses. Nem é preciso dizer que eles se depararam com desafios extremos e com muitas oportunidades para lidar com seus medos.

A maior parte do grupo foi capturada nos últimos meses da fuga ao atravessar o rio Brahmaputra, no sul do Tibete. Apenas umas cinquenta pessoas conseguiram chegar à Índia. Nessa viagem, Trungpa Rinpoche usou a intuição, provinda da meditação, como base de sua força e coragem, e nunca deixou de recomendar essa atitude aos outros.

Depois de fugir do Tibete, infelizmente, Rinpoche nunca mais reencontrou a mãe nem qualquer outro membro de sua família. Apesar disso, anos mais tarde, manifestou sentimentos de grande compaixão por Mao Tse-tung, o líder revolucionário que ordenara a invasão ao Tibete. Neste livro, ele compartilha os ensinamentos budistas que são a base para esse tipo de coragem compassiva.

Cada um de nós é capaz de despertar o mesmo tipo de coragem em nossas próprias vidas agora mesmo. O que nos aterroriza não muda muito de uma década para outra ou de uma pessoa para outra. O medo fundamental com o qual temos que lidar é o medo de nos perdermos. Quando a fortaleza do ego é ameaçada, o medo é um de nossos maiores mecanismos de defesa. Começar a desmontá-lo é um dos melhores presentes que podemos dar a nós mesmos e aos outros.

Nesta obra, Chögyam Trungpa utiliza a imagem do guerreiro para descrever a atitude que podemos tomar para invocar a coragem e a bravura em nossa prática espiritual e em nossas vidas. Rinpoche percebeu que o secular e o religioso teriam que estar mais plenamente entrelaçados na espiritualidade moderna, para que a espiritualidade pudesse de fato atender às necessidades de nossa época. Isso pode ser visto aqui quando ele evoca Shambhala, um reino mítico de cidadãos iluminados governado por monarcas benevolentes. Shambhala é um símbolo do ideal de construção de uma sociedade harmoniosa, que também enfatiza a importância de um comprometimento total com nossa vida cotidiana. Ao abordar o poder do mundo de Shambhala, Rinpoche está em parte indicando que a maneira de lidar com os aspectos corriqueiros e mundanos da vida pode ter uma dimensão transcendente, mostrando que o mundo, da forma que é, possui dignidade e beleza.

Chögyam Trungpa analisa vários níveis de confrontação do medo, incluindo como enfrentar corretamente as situações mais extremas, como ter que lutar contra um inimigo real, não apenas um obstáculo em sua mente. Parece que os tempos em que vivemos clamam pelo tipo de coragem visceral que ele exemplificava. Por ter lidado com situações particularmente difíceis, ele compreendia os desafios da vida real. Rinpoche não se esquiva de expor tais situações aqui. Ao mesmo tempo, também fala sobre como cada momento pode ser a oportunidade para despertar a confiança, se percebermos a sacralidade da vida cotidiana. Isso é também um poderoso antídoto contra o medo e a ansiedade. Uma das características mais marcantes de sua abordagem é a pronta rejeição à agressividade como estratégia de superação de obstáculos. Uma fonte de gentileza, profunda e poderosa, é a base para a coragem do guerreiro de Shambhala, o praticante que quer comprometer-se plenamente com a vida, sem arrogância nem agressividade. Quando somos ameaçados, é muito fácil reagirmos com raiva. Quando somos agredidos, queremos devolver a agressão. Rinpoche nos mostra alternativas que são poderosas sem serem destrutivas. Essa é a sabedoria de que precisamos.

No entanto, esses ensinamentos não são apenas contundentes, mas também profundos. Eles enfatizam nossa conexão com o coração dos ensinamentos, que, pode-se dizer, é tanto o coração de Buda quanto o coração de Shambhala. O amor é imensamente poderoso, como todos nós sabemos. Chögyam Trungpa descreve um vínculo com a compaixão e a tristeza como a energia que potencializa o desenvolvimento da coragem, ou condição de guerreiro, verdadeiramente humana, voltando a esse tema diversas vezes. Juntar delicadeza e firmeza como parte do caminho do guerreiro é também um elemento chave. Por inúmeras vezes, ele aconselha a disciplina da meditação como a chave para liberar esse potencial.

Por fim, este é um livro sobre ser autêntico, ser plenamente humano. Se desejamos ser vulneráveis, a partir dessa vulnerabilidade podemos também descobrir a invencibilidade. Não tendo nada a perder, não podemos ser derrotados. Não tendo nada a temer, não podemos ser dominados.

Que você aproveite essa jornada pelo medo e pela destemor. Que ela possa despertar a coragem genuína. Que possa trazer o sorriso da ausência do medo. Que ajude a trazer paz e prosperidade a este mundo.

Carolyn Rose Gimian
Halifax, Nova Escócia

PARTE UM

O caminho do guerreiro

Tornar-se um guerreiro e encarar a si mesmo é uma questão de honestidade e não de autocondenação. Ao olhar-se, você pode descobrir que tem sido mau ou má, e não se sentir nada bem com isso. Sua existência pode parecer miserável, tão sombria como o "buraco negro de Calcutá". Ou talvez você encontre algo bom em você. A ideia é apenas encarar os fatos. A honestidade exerce um papel fundamental. Apenas observe a verdade simples e objetiva a seu respeito. Quando começa a ser honesto consigo mesmo, você alcança um nível de verdade genuíno e visceral. Isso não vai necessariamente diminuir você. Apenas descubra o que está lá; apenas veja; e então pare! Assim, primeiro, olhe para si, mas sem condenar-se. É importante ser pragmático, de imediato. Apenas observe, e quando enxergar a situação integralmente, então você começa a ser um guerreiro.

1

Olhando para si mesmo

Nosso tema é a condição de guerreiro. Quem tem interesse em ouvir a verdade, que no budismo chamamos darma; quem tem interesse em descobrir mais sobre si mesmo ou sobre si mesma; e quem tem interesse em praticar a meditação é basicamente um guerreiro. Muitas atitudes em relação à espiritualidade e à vida costumam ser influenciadas pela covardia. Se você tem medo de se enxergar, talvez utilize a espiritualidade ou a religião como uma forma de se olhar sem na verdade enxergar absolutamente nada sobre si. Quando as pessoas não se sentem bem consigo mesmas, não há coragem nesse caso. No entanto, quando há a vontade de olhar para si mesmo ou para si mesma, investigar e praticar o despertar de forma imediata, a pessoa é um guerreiro.

"Guerreiro" aqui é uma tradução da palavra tibetana *pawo*. *Pa* significa "corajoso", e, com o acréscimo de *wo,* "uma pessoa que é corajosa". A tradição de guerreiro que abordamos é uma tradição de coragem. Você talvez tenha uma ideia de guerreiro como aquele que vai para a guerra. Mas, nesse caso, não estamos falando de guerreiros do tipo dos que vão para a batalha. A condição de guerreiro aqui refere-se à coragem e ao destemor fundamentais.

A condição de guerreiro se baseia na superação da covardia e da sensação que temos de estar feridos. Se nos sentimos fundamentalmente feridos, talvez tenhamos receio de que alguém venha a dar pontos para fechar nossas feridas. Ou talvez já tenhamos passado por isso, mas não ousamos deixar que alguém retire os pontos. A atitude do guerreiro é enfrentar todas essas situações de medo ou covardia. O objetivo geral da condição de guerreiro é não ter medo. Mas a base da condição de guerreiro é o próprio medo. Para não ter medo, é preciso primeiro descobrir o que é o medo.

Medo é nervosismo; medo é ansiedade; medo é um sentimento de inadequação, uma sensação de que talvez não sejamos de modo algum capazes de lidar com os desafios da vida cotidiana. Sentimos que a vida é incontrolável. As pessoas podem fazer uso de tranquilizantes ou da ioga para eliminar seus medos: elas tentam apenas levar a vida. Às vezes, dão um tempo no Starbucks ou no *shopping*. Nós temos todos os tipos de truques e dispositivos, os quais utilizamos com a esperança de conseguir vivenciar a coragem simplesmente liberando nossas mentes de nossos medos.

De onde vem o medo? Vem de uma perplexidade primordial. De onde vem a perplexidade primordial? Vem de nossa incapacidade de harmonizar ou sincronizar mente e corpo. Na prática da meditação sentada, se você estiver mal posicionado na almofada, não será capaz de sincronizar a mente e o corpo. Você não terá uma boa percepção do seu lugar ou da sua postura. Isso se aplica ao resto da vida também. Quando você não sente uma boa base ou não está acomodado adequadamente em seu mundo, não consegue relacionar-se com sua experiência de vida nem com o resto do mundo.

Assim, o problema começa de modo bem simples. Quando mente e corpo estão dessincronizados, você se sente como uma caricatura de si mesmo, quase como um idiota primordial ou um palhaço. Nessa situação, é muito difícil relacionar-se com o resto do mundo.

Essa é uma versão simplificada do que é conhecido como mentalidade do sol-ponente: ter perdido completamente a noção da harmonia básica do ser humano. A ideia do sol poente é a de que o sol já está se pondo no seu mundo, e você não consegue sair da escuridão. Você sente que só há infelicidade, penumbra, a masmorra, uma vida na sarjeta. Para compensar isso, talvez você entre em uma masmorra sombria muito mal iluminada, onde fica bêbado. Esse lugar se chama boate. Você dança como um macaco bêbado que esqueceu as bananas e o lar na selva há muito tempo. Assim, o macaco se enche de cerveja barata enquanto balança o rabo. Não há nada de mal na dança em si, mas nesse caso é uma forma de fugir do medo ou de evitá-lo. É muito triste. Isso é o sol poente. É um beco sem saída, um verdadeiro beco sem saída.

Em oposição a isso, o Sol do Grande Leste é o sol que surge pleno em sua vida. É o sol do despertar, o sol da dignidade humana. É *Grande* porque representa a elevação e as qualidades de franqueza e amabilidade. Você tem uma percepção elevada da posição ou lugar em seu mundo, o que pode ser considerado uma situação superior. É no *Leste* porque há um sorriso em seu rosto. O leste é a ideia de aurora. Ao olhar para fora de manhã bem cedo, você vê a luz vindo do leste, mesmo antes do sol nascer. Por isso, o leste é o sorriso que você dá ao acordar. O sol está para nascer. O ar fresco vem com a aurora. Assim, o sol está no Leste e é Grande.

Aqui, o *Sol* está pleno, o sol que você vê no céu por volta de dez da manhã. É o contrário da imagem do macaco bêbado dançando à meia-noite na penumbra da boate. O contraste é impressionante, extraordinário! A visão do Sol do Grande Leste é elevada e desperta, límpida e nítida.

Podemos entrar em mais detalhes depois, mas primeiro devemos abordar o entendimento básico de medo e coragem. Um dos maiores obstáculos à coragem são os padrões habituais que nos levam a nos enganarmos. Normalmente, não nos permitimos uma vivência plena de nós mesmos. Em outras palavras, temos medo de olhar para nós mesmos. Vivenciar a parte mais íntima da própria existência é constrangedor para muitas pessoas. Muitos tentam encontrar um caminho espiritual no qual não precisem olhar para si mesmos, mas onde possam no entanto libertar-se — na verdade, uma autolibertação de si mesmos. Isso é de fato impossível. Não podemos fazer uma coisa dessas. Temos que ser honestos conosco. Temos que ver nossas entranhas, nossa merda mesmo, nossas partes mais indesejáveis. Temos que ver isso. Essa é a base da condição de guerreiro e o ponto de partida para se dominar o medo. Temos que encarar nosso medo; temos que observá-lo, estudá-lo, interagir e praticar a meditação com ele.

Também precisamos abandonar a noção de um salvador divino, o que não tem nada a ver com qualquer religião que tenhamos, mas refere-se à ideia de alguém ou algo que irá nos salvar sem que precisemos passar por qualquer sofrimento. Na verdade, o abandono dessa falsa esperança é o primeiro passo. Temos que contar com nós mesmos. Precisamos ser pessoas de verdade. Não adianta ficar se iludindo, esperando pelo melhor. Se você está mesmo interessado em se trabalhar, não pode permitir esse tipo de vida dupla, adotando ideias, técnicas e conceitos de todos os tipos, simplesmente para fugir de você mesmo. Isto é o que chamamos materialismo espiritual: a esperança de que você possa ter um bom sono, sob o efeito de sedativos, e que, ao acordar, tudo estará resolvido. Tudo estará curado. Assim, você não terá que passar por qualquer sofrimento ou problema.

Em uma prática espiritual autêntica, você não pode fazer isso. Talvez você se convença de que exista alguma prática religiosa que o conduzirá diretamente ao êxtase espiritual. Talvez se convença de que este mundo não exista; apenas o reino do espírito exista. No entanto, mais tarde, algo vai voltar para você, porque não podemos trapacear em relação à lei fundamental, conhecida como carma, a lei de causa e efeito. Não podemos trapacear em relação a isso.

Temos muito a enfrentar. É preciso abandonar muita coisa. Você talvez não queira fazê-lo, mas ainda assim é preciso, se quiser fazer bem a si próprio. Tudo se resume a isso. Por outro lado, se você quiser fazer mal a si próprio entregando-se à neurose do sol-ponente, é problema seu e de mais ninguém. Ninguém pode salvar você de você mesmo. Vá em frente. Mas com certeza vai se arrepender profundamente depois. Quando isso acontecer, talvez você tenha acumulado tanto lixo que será quase impossível reverter a situação. Seria muito degradante chegar a esse ponto.

Com frequência, preferimos fazer mal a nós mesmos. Parece melhor manter nossos padrões habituais do que fazer algo por nós. Você talvez tenha escutado na escola que estudar muito seria bom para você. Seus pais talvez tenham lhe dito para comer toda a comida que estivesse no prato, porque seria bom para você. Há muita gente passando fome em todas as partes do mundo, e você é um privilegiado por ter essa comida à sua frente. Coma tudo. Talvez esse conselho seja útil. Quando você escutava esse tipo de coisa, podia lhe parecer algo completamente idiota, em relação ao que você pensava. No entanto, essa ortodoxia e essa disciplina talvez contenham um elemento de verdade.

Devemos tomar a decisão de olhar para nós mesmos e nos vivenciarmos com honestidade. Alguns de nós se percebem nas situações mais lamentáveis e profundamente degradantes. Outros podem estar passando por momentos bons e maravilhosos. Qualquer que seja o caso, se nossa investigação traz esperança ou medo, olhamos para nós mesmos. Precisamos nos encontrar, olhar para nós mesmos, e além disso, abandonar nossa privacidade, nossa inibição.

Talvez aqui haja um problema semântico com o uso que faço da palavra *privacidade*, *privacy*, em inglês. A questão é que somente quando se abandona a privacidade é possível estar consigo mesmo. Nossa compreensão habitual de privacidade não corresponde de fato à privacidade. Dizemos "preciso de privacidade". Se você se fecha com sua suposta privacidade, você se vê mergulhado em si mesmo. Não há qualquer privacidade nesse caso. A privacidade não existe. Ao contrário, você se sente completamente bombardeado por emoções e pensamentos referentes a si próprio, que o impedem de estar consigo mesmo e relaxar de modo pleno. Quando começa a abandonar a privacidade, você abre seu coração e toda a sua existência ao restante do mundo, e, então, encontra uma privacidade maior. Você percebe que uma verdadeira autodescoberta está acontecendo.

A única forma de relaxar consigo mesmo é abrir o coração. Então, você tem a possibilidade de ver quem você é. Essa experiência é como abrir um paraquedas. Quando você pula do avião e abre o paraquedas, você está no céu por conta própria. Às vezes é muito assustador, mas por outro lado, ao dar esse passo, toda a situação, toda a jornada, faz sentido. Você tem que fazer isso, e então vai entender. Abandonar a privacidade não é exatamente um processo educativo e lógico, mas é algo que acontece de modo imediato, ao ser feito.

É preciso perder a inibição, mas não se trata de tornar-se um exibicionista. Você se mantém verdadeiro consigo mesmo ao perder a inibição. Você simplesmente abandona a privacidade, a timidez, e a ansiedade de entrar numa "viagem" pessoal. Abandonar tudo isso não significa que tenha que se tornar um exibicionista, mas sim que você pode ser uma pessoa autêntica. Quando você deixa de fumar, não tem que ficar alardeando o que fez. Talvez ninguém perceba. Você apenas não fuma mais. Pode ser triste para você que ninguém aprecie sua virtude, mas, por outro lado, e daí? Ao abandonar sua privacidade, você ainda fica em pé e caminha sobre dois pés como outros seres humanos. Você olha o universo com dois olhos, e está tudo bem. Você se tornou um ser humano plenamente decente pela primeira vez, mas não tem que alardear isso. Você para nos sinais vermelhos. E segue em frente quando estão verdes. É um mundo monótono. O primeiro passo tem que ser dado. Então, você percebe que ainda mantém a mesma antiga reputação, às vezes terrível, às vezes boa, mas que continua firme. É muito engraçado em alguns aspectos, talvez dolorosamente engraçado. Talvez não! De qualquer forma, bem-vindo ao mundo do guerreiro!

Então, você começa a perceber que há algo em você fundamentalmente, essencialmente bom. Algo que transcende a noção do que é bom ou mau. Alguma coisa digna, virtuosa e saudável existe em todos nós. Pela primeira vez, você está vendo o Sol do Grande Leste. A bondade surge ao se descortinar a visão do Sol do Grande Leste. Essa bondade é a bondade fundamental ou primordial que há em você. Você já a possui. Tal bondade é sinônimo de coragem. Ela está sempre lá. Sempre que vê uma cor reluzente e bela, você está testemunhando a sua própria bondade intrínseca. Sempre que escuta um som belo e suave, você está escutando a sua própria bondade fundamental. Sempre que prova algo doce ou amargo, você está experimentando a sua própria bondade fundamental. Se você está em uma sala, abre a porta e sai ao ar livre, sente uma súbita brisa de ar fresco. Essa experiência pode durar apenas um segundo, mas esse aroma de ar fresco é o cheiro da bondade fundamental.

Coisas assim sempre lhe acontecem, mas você costuma ignorá-las, pensando que são coisas mundanas e sem importância, meras coincidências de uma natureza nada excepcional. No entanto, vale a pena aproveitar qualquer coisa que lhe aconteça que tenha essa particular natureza de bondade. Você começa a notar que há uma condição de não-agressividade a seu redor, e é capaz de sentir a diferença ao perceber sua bondade, constantemente.

Mas você não pode se precipitar. Primeiro, vamos olhar para nós mesmos. Se você coloca cem por cento do seu coração nesse processo, então você se conecta a essa bondade incondicional. Mas, se coloca apenas cinquenta por cento, você está tentando fazer uma barganha, e nada demais vai acontecer. Quando você é autêntico no sentido mais amplo, não precisa do julgamento condicional de bom ou mau, mas você de fato *é* bom e não *se torna* bom.

Se nos olhamos de modo adequado e completo, descobrimos que existe algo mais lá, além do olhar para nós mesmos. Existe algo em nós que está basicamente desperto, e não adormecido. Encontramos algo intrinsecamente alegre e fundamentalmente digno de orgulho. Em outras palavras, não temos que nos enganar. Descobrimos ouro cem por cento puro, de mais de vinte e quatro quilates. De acordo com a tradição budista, isso é descobrir a nossa natureza búdica. Em sânscrito, natureza búdica é *tathagatagarbha*, o que significa que a essência dos *tathagatas*, os budas que já partiram, existe em nós.

Estamos fundamentalmente despertos. Nós mesmos já somos bons. Não é apenas um potencial. É mais que um potencial. É claro que hesitaremos diversas vezes em acreditar nisso. Você talvez pense que essa bondade é apenas um mito antigo, um outro truque para nos animar. Mas não! Ela é real e boa. A natureza búdica existe em nós, e por isso, estamos aqui. A sua natureza búdica primordial o trouxe até aqui.

O mais importante, a técnica que parece ser a única forma de perceber isso, é a prática da meditação sentada. A meditação é a chave para ver a si mesmo tão bem como além de si. Ver a si próprio é o primeiro ponto, a descoberta de todos os tipos de coisas terríveis que se passam em você. Encarar as possibilidades e a realidade disso não é tão ruim. Se você começa a agir assim, está sendo uma pessoa honesta. Depois, além disso, você precisa enxergar mais longe. A sua honestidade permite que você perceba a sua bondade. Você possui mesmo Buda em seu coração.

2

Meditação: tocar e partir

Quando começamos a reconhecer que a bondade existe dentro de nós, é preciso ir além de nossas dúvidas e adotar a postura de que somos pessoas dignas e de que temos em nós mesmos algo especial. Não somos de todo deploráveis. Precisamos passar pelas nuvens, mas depois vemos o sol. Essa atitude básica de descobrir o valor de nossa existência é a filosofia do guerreiro de olhar para si próprio.

Como chegamos a esse ponto? Qual é a técnica para uma autodescoberta em ambos os sentidos, o negativo e o positivo? Como podemos fazer isso? Devemos colocar nossa mente em uma máquina ou sob as lentes de um microscópio para estudar a nós mesmos? Devemos alcançar essa autodescoberta realizando uma grande aventura, nadando no mar ou ficando deitados na areia da praia?

Há todo tipo de possibilidade, é claro. No entanto, há na verdade apenas um caminho para se fazer isso. A única maneira é estar consigo mesmo por um longo período de tempo, passando muitos segundos, minutos e horas consigo mesmo. Nós jamais fazemos isso de modo apropriado e pleno. Podemos tentar estar conosco lendo uma revista, vendo televisão, bebendo uma cerveja, fumando todo tipo de coisa, tomando remédios, conversando com um amigo ou tirando um cochilo na cama. Mas assim não estamos conosco de modo pleno, apropriado. Sempre buscamos *fazer alguma coisa* com nós mesmos, em vez de apenas estar com nós mesmos. Se você não consegue *estar* consigo mesmo, não consegue perceber quem você é nem onde você está. Nesse caso, a essência do que você é torna-se impossível de ser encontrada.

Ainda há algo mais, que é descobrir também como você *não* é, por que você não é, onde você não está. A essência dessa descoberta é que na verdade você é não-existente. Ao tentar descobrir quem você é, talvez descubra que não é absolutamente nada. Então, embora perceba que você *não* é, descobre que há algum brilho reluzente que existe na experiência da não-existência.

A técnica recomendada para estar consigo mesmo de modo pleno é a prática da meditação. Na prática da meditação sentada, não aplicamos métodos antigos em um mundo novo, mas apenas aprendemos a conduzir nossas vidas de modo pleno. Esse estilo de meditação foi particularmente recomendado pelo próprio Buda Shakyamuni, e eu mesmo fui instruído dessa maneira. A prática é conhecida como a melhor técnica para os iniciantes em meditação há mais de dois mil e quinhentos anos.

Eu pessoalmente tive meu aprendizado utilizando essa forma de meditação. Não digo isso como algum tipo de testemunho, mas eu de fato adquiri sabedoria e lucidez através dessa prática. Passei exatamente pelos mesmos treinamento e disciplina básicos que apresento a vocês. (A única diferença é que vocês não estão recebendo os ensinamentos em tibetano!)

Cultivar a atenção plena é a atitude que nos permite ver a nós mesmos e a nosso mundo de modo bastante acurado e preciso. Quando falamos sobre *atitude* nesse contexto, estamos falando sobre o desenvolvimento da autoconsciência, precisamente a atenção plena. A autoconsciência significa que você está fundamentalmente consciente e que sua mente está consciente de você. Em outras palavras, você está consciente de que está consciente. Você não é uma máquina; é um indivíduo que se relaciona com o que acontece a sua volta. A atenção plena é o desenvolvimento dessa percepção de ser.

Para descrever a meditação, podemos usar a expressão *tocar e partir*. Você está em contato, tocando a experiência de estar lá, de estar realmente lá, e então você se permite partir. Isso se aplica à consciência de sua respiração sentado sobre a almofada ao meditar e também à sua consciência da vida cotidiana. O essencial do *tocar e partir* é que há um sentimento de ser você próprio plena e verdadeiramente. O essencial do *toque* é que há uma percepção de existência, de que você é quem você é.

Ao sentar-se na almofada, você sabe e sente que está sentado na almofada e que de fato você existe. Você está lá, você está sentado, você está lá, você está sentado. Essa é a parte do *tocar*. O momento do *partir* é que você está lá, e então você se solta. Você não se prende a sua percepção de ser, mas liberta-se até mesmo disso. Tocar e partir.

Para meditar, é aconselhável estar sentado com as pernas cruzadas sobre uma almofada de meditação, e não jogado em qualquer posição que lhe convenha. De qualquer maneira, você deve estar sentado de modo apropriado, seja em uma almofada ou, para quem não pode sentar no chão, em uma cadeira. Você fica com a coluna reta, respira sem dificuldade, e seu pescoço fica livre de qualquer pressão. Sente-se assim, ereto. Se necessário, pode mudar a posição e se ajeitar. Não há motivo para autopunição.

Essa é uma diferença entre animais e seres humanos. Alguns animais conseguem relaxar enquanto estão em pé, com a coluna vertebral paralela ao chão. Os cavalos às vezes dormem dessa forma. Eles poderiam até meditar desse jeito, se alguém lhes ensinasse a meditar. Cobras e lagartos e cavalos e vacas poderiam meditar com o corpo paralelo ao chão. Mas, no caso de seres humanos, nós não andamos de quatro neste momento de nossa evolução. Não há como voltar atrás, por isso temos que caminhar sobre nossos dois pés. Para nós, a posição vertical é natural, inclusive quando meditamos. Assim, já que somos desse jeito, devemos agir desse jeito. O Buda, fornecendo um exemplo para os homens, senta-se ereto na postura de meditação. Não se trata propriamente de antropocentrismo no sentido de os seres humanos serem vistos como superiores. A questão é a estrutura que temos, e nós devemos manter a nossa estrutura. Assim, a postura é muito importante. Nossa postura é ereta, em oposição a dos animais, e sem muita tensão no pescoço. Apenas sente-se, é muito simples.

Quando você está sentado corretamente, você está lá. Sua respiração é natural. Percebi que quando as pessoas veem algo interessante nos filmes, todos ficam sentados em uma postura perfeita. Esse é um exemplo para nós. Está acontecendo, é a sua vida, e você está ereto, e está respirando. A prática é muito pessoal e direta.

A atitude referente à respiração, durante a meditação, é tornar-se o próprio respirar. Procure uma identificação completa, em vez de observar a sua respiração ou o processo respiratório. Você é a respiração; a respiração é você. O ar passa por suas narinas, vai para fora e se dissolve na atmosfera, no espaço. Você coloca uma certa energia e um certo esforço para ter consciência do processo. Agora, quanto à inspiração, será que você deve tentar realizá-la deliberadamente? Não é aconselhável. Simplesmente boicote sua respiração; boicote sua concentração na respiração. Ao expirar, deixe que o ar se dissolva. Simplesmente o abandone, o boicote.

Assim, a inspiração é apenas espaço. Fisicamente, biologicamente, as pessoas inspiram, é claro, mas isso não é grande coisa e não deve ficar sendo enfatizado. Então, outra expiração ocorre — esteja com ela. É assim: para fora, dissolver, espaço; para fora, dissolver, espaço. É um processo constante: abertura, espaço, abandono, boicote. "Boicote", nesse caso, é uma palavra muito importante. Se você se prende à sua respiração, você está se prendendo a si mesmo constantemente. Ao começar a boicotar o final da expiração, não resta mais nada, somente a próxima expiração que faz com que você volte a conectar-se. Então, você conecta, dissolve, conecta, dissolve, conecta, dissolve.

Pensamentos surgem no meio da prática: "Onde devo fazer ioga?", "Quando vou poder escrever outro artigo?", "Como será que andam meus investimentos?", "Detesto fulano, que fez aquilo comigo", "Eu queria tanto estar com ela" e "O que está acontecendo com meus pais?". Todo tipo de pensamento irá surgir naturalmente. Se você tem muito tempo para ficar sentado, infindáveis pensamentos ocorrem constantemente.

A atitude que devemos ter em relação a isso, é na verdade não tomar nenhuma atitude. Reduza tudo ao nível do pensamento — reconheça que tudo isso não passa de pensamento. Na maior parte das vezes, quando conversa mentalmente, você diz que está pensando. Mas quando se trata de uma conversa com uma profunda carga emotiva, você dá a isso um valor especial. Considera que esses pensamentos merecem o privilégio especial de serem chamados de *emoção*. De alguma forma, no terreno da mente de fato, as coisas não acontecem assim. O que surge é apenas pensamento: o pensamento de estar excitado, o pensamento de estar com raiva. No que se refere à prática da meditação, os seus pensamentos não são mais considerados VIPs, enquanto você medita. Você pensa, você está sentado, pensa, está sentado, pensa, está sentado. Você tem pensamentos, tem pensamentos sobre pensamentos. Deixe que isso aconteça desse jeito. Chame-os de pensamentos.

Então, há mais um *toque* necessário. Os estados emocionais não devem apenas ser reconhecidos e deixados de lado, mas precisam na verdade ser encarados. Durante a meditação, você talvez sinta uma extrema agressividade ou irritação, ou uma extrema excitação, não importa. Você não diz simplesmente à sua emoção, de modo educado: "Oi. Bom vê-la de novo. Você está bem. Tchau, preciso voltar para minha respiração". Isso é como reencontrar um velho amigo que o faz lembrar do passado, e em vez de parar para conversar, você diz: "Desculpa, não dá para conversar agora. Tenho que pegar o trem, se não vou perder meu compromisso". Com a atitude que se deve ter em relação à prática, você não vai embora assim. Você reconhece o que está acontecendo, e então olha a situação mais de perto também.

Você não está se oferecendo um momento de lazer para evitar situações constrangedoras e desagradáveis, situações de autoconsciência da sua vida. Esses pensamentos talvez surjam como memórias do passado, uma experiência dolorosa do presente ou perspectivas angustiantes de futuro. Todas essas coisas acontecem, e você as vivencia e as encara, e só após fazer isso é que você volta para a sua respiração. Isso é muito importante.

Se você acha que sentar e meditar é uma forma de evitar problemas, então esse é o problema. Na verdade, a maior parte dos problemas na vida não ocorre por sermos agressivos ou libidinosos. O maior problema é que você quer reprimir essas coisas e deixá-las de lado, tornando-se assim um especialista em enganar-se. Esse é um dos maiores problemas. A prática da meditação deve revelar qualquer tentativa de desenvolver uma atitude de autoengano sutil, sofisticada.

Na meditação, há um sentido de individualidade, de ser uma pessoa. Estamos aqui de fato, existimos. E a não-existência e a ausência de ego que o budismo enfatiza? E o materialismo espiritual, que deseja a felicidade e a completude a partir dessa nossa prática? Será que não vamos cair em algum tipo de armadilha? Talvez sim. Talvez não. Não há garantia, pois não há quem garanta. No entanto, é possível que você possa apenas realizar a técnica de modo muito simples. Aconselho que você não fique preocupado com a sua segurança futura, mas apenas faça isso, objetivamente, simplesmente.

Nossa atitude depois que meditamos também é muito importante. Devemos ter uma vida equilibrada e viver bons momentos. Meditar não é estar em uma prisão, e o resto de nossas vidas não são as férias ou a liberdade. É tudo a mesma coisa. Parece que essa é a postura básica da meditação em relação à vida. Seja sentado ou em pé, é a mesma coisa; seja comendo ou dormindo, é a mesma coisa. É o mesmo bom e velho mundo. Você traz o seu mundo consigo mesmo de qualquer forma; você não consegue separar o seu mundo em duas partes e colocá-las em compartimentos diferentes.

Não temos que ser tão carentes em relação a nossas vidas. Não temos que ficar tentando pegar um pedacinho de chocolate que existe em um canto de nossa vida. "Tudo o mais na vida pode ser amargo, mas aqui nesse cantinho eu consigo ter muito prazer." Se o seu corpo está quente e você mergulha o dedo na água gelada, talvez seja bom, mas também é doloroso, não é particularmente agradável. Se você compreende de verdade o significado de prazer no sentido pleno, um mergulho no prazer é apenas mais castigo e um truque desnecessário que aplicamos em nós mesmos. Sob esse ponto de vista, a prática da meditação não se refere a um alcance hipotético da iluminação. É uma questão de se levar uma vida boa. Para o aprendizado de como levar uma vida boa, uma vida inatacável, precisamos de uma consciência permanente que se relacione com a vida de modo constante, objetivo e simples.

3

A lua no seu coração

Tornar-se um guerreiro e encarar a si mesmo é uma questão de honestidade e não de autocondenação. Ao olhar-se, você pode descobrir que tem sido mau ou má, e não se sentir nada bem com isso. Sua existência pode parecer miserável, tão sombria como o "buraco negro de Calcutá". Ou talvez você encontre algo bom em você. A ideia é apenas encarar os fatos. A honestidade exerce um papel fundamental. Apenas observe a verdade simples e objetiva a seu respeito. Quando começa a ser honesto consigo mesmo, você alcança um nível de verdade genuíno e visceral. Isso não vai necessariamente diminuir você. Apenas descubra o que está lá; apenas veja; e então pare! Assim, primeiro, olhe para si, mas sem condenar-se. É importante ser pragmático, de imediato. Apenas observe, e quando enxergar a situação integralmente, então você começa a ser um guerreiro.

Ao reconhecer que se sente tão miserável, você cria condições para uma alegria plena. Essa é a virada interessante. Você está sendo uma pessoa íntegra, honesta. Não costumamos ser tão honestos. Você pode achar que consegue enganar o universo, e por isso desenvolve todo tipo de potencialidade neurótica ou enganadora, para se convencer de que não precisa encarar sua situação honestamente. No entanto, se você apenas está lá, ao perceber a escuridão de verdade, isso inspirará a luz ou o nascer do sol.

Você começa a reconhecer que é uma pessoa autêntica. Começa a se sentir bem e inteiro, e além disso, mais do que inteiro, mais do que verdadeiro, percebe que tem certo tipo de ousadia. A natureza búdica já está em você, pois você está sendo sincero consigo mesmo, sincero no sentido de ser incondicionalmente honesto. De fato, não existe algo como o *eu* verdadeiro, o *eu* solidamente *real*. Quando você se enxerga de forma genuína, percebe que o conceito de realidade começa a desvanecer-se. Em seu lugar, você encontra um amplo espaço, que é incondicional e no qual há ventilação e espaço para respirar. Após passar por uma plena observação de si mesmo, você começa a sentir-se incondicionalmente bom.

Ao mesmo tempo, você começa a reconhecer a existência de uma sabedoria maior. Percebe que na verdade, independente do seu grau de inteligência ou de instrução, não sabe quase nada sobre a natureza da realidade. Você precisa de ajuda para se conectar de modo genuíno consigo mesmo. Alguém tem que ajudar você a despertar. Para algumas pessoas, é suficiente encontrar esse despertar ou essa sabedoria em um livro ou sob a forma de uma disciplina contemplativa que se pratique. No entanto, isso vem de algum lugar. Originalmente, a sabedoria tinha que vir da inspiração e da compreensão de um ser humano, que desejava compartilhá-la. Temos muita sorte se encontramos um autêntico mestre, um ser humano que compartilha seu conhecimento e sua sabedoria diretamente conosco, talvez ensinando-nos a meditar ou de outras maneiras.

Na tradição budista, ao fazermos uma verdadeira conexão com nós mesmos, também começamos a respeitar a fonte da sabedoria, o mestre. Um mestre genuíno por sua vez também reverencia e respeita o conhecimento. Nossa relação com essa pessoa é baseada no reconhecimento de sua compreensão superior. Assim, a estima que temos pelo mestre tem a ver com sua competência e não com a posição que ocupa. A relação e o respeito que temos referem-se a respeitar o conhecimento e aquele que possui o conhecimento. Uma pessoa que seja mais informada do que nós acerca da natureza da realidade merece nosso respeito.

A relação com o mestre não é uma via de mão única. É preciso haver comunicação tanto do mestre em direção ao aluno quanto do aluno em direção ao mestre. Quando nossa relação com o mestre progride, em um dado momento o mestre pode se tornar o que chamamos de amigo espiritual. Um amigo desse tipo é um amigo honesto, um amigo sem meias palavras, um amigo autêntico, um amigo que desenvolveu poder e força suficientes para ajudar os outros.

Começamos a perceber que o mestre não é apenas um posto de informação ou uma enciclopédia espiritual. O mestre genuíno desenvolveu certo tipo de poder, que expressa sua conexão com o mundo fenomênico. Não estamos falando de poderes mágicos. Ao contrário, estamos falando da força que surge quando nos conectamos à realidade, que é algo muito mais poderoso do que a fantasia. Como resultado de seu próprio treinamento, o mestre desenvolve o poder de compartilhar ou transmitir essa compreensão ou lucidez aos outros. Essa transmissão ocorre através da comunicação entre o mestre e o aluno e através da construção de uma compreensão mútua básica, para começar. A relação tem que ser orgânica. O amigo espiritual não hesita em lhe falar a verdade e em preocupar-se com seus assuntos. E quando chegar a hora, no momento certo, um amigo espiritual autêntico pode despertar em você o coração da iluminação. Você se torna consciente do coração de Buda (que sempre esteve presente em você) como se ele estivesse entrando em seu coração, exatamente como um medicamento injetado em sua veia.

É claro que haverá uma resistência em permitir que alguém entre em seu mundo e injete algo em sua existência. Isso pode ser muito perturbador. Essa técnica não foi elaborada ontem nem hoje. Tem sido realizada há mais de dois mil e quinhentos anos em nosso mundo. Já foi feita milhares e mesmo milhões de vezes, e deu certo milhares e milhões de vezes.

Quando esse elemento específico, que é a sua natureza búdica, é despertado em seu ser, por sua estranheza você pensa tratar-se de um elemento exterior a você. De acordo com a tradição budista, essa experiência é conhecida como o transplante do coração da iluminação, ou transplante da lua cheia, para seu coração. Talvez seja mais fácil de entender se falarmos em compartilhar ou despertar, em vez de transplante da lua cheia, o que nos ajuda a perceber que, embora estejamos recebendo a lua como um presente, na verdade ela já está em nós.

Imagine a lua cheia entrando pela janela da sua sala de estar, se aproximando cada vez mais e de repente entrando em seu coração. Você talvez fique apavorado ou não goste da coisa, mas em geral é um alívio tremendo. "Ei, a lua cheia entrou em meu coração." Que coisa boa, que maravilha.

Por outro lado, quando a lua cheia entra em seu coração, talvez você fique um tanto ou quanto em pânico. "Oh, meu Deus, o que foi que eu fiz? Uma lua está em meu coração. O que é que eu devo fazer com isso? É muita luz." Você talvez fique mais apavorada do que se descobrisse que estava grávida. Quando o bebê nascer, vai ser pequenininho. Não vai nascer e começar logo a interferir em suas coisas. Ele vai aprender a respirar, a sugar, a andar, e a falar. Tem que aprender a ir ao banheiro. Mas essa lua já é plenamente desenvolvida. Talvez tenha acabado de entrar em seu coração na manhã de hoje, mas está cheia. Por isso, é possível que estejamos um pouco assustados. A mente do ego talvez esteja se sentindo deflorada. Sua fortaleza desmoronou.

Costumamos nos chamar de "eu" e falar sobre o "meu" ou a "minha". "Eu não deixaria que ninguém entrasse na minha vida. O meu eu é o *meu* eu." Agora, essa resistência conhecida como agressividade foi superada. A lua foi transplantada para seu coração, e você talvez não goste disso. Às vezes, parece terrível. "O que foi que eu fiz?" Você tem esperança de que tenha sido apenas um sonho, uma fase. Infelizmente, não foi uma fase nem um ensaio, mas é algo real, bem real. Plantamos a lua cheia da iluminação em seu coração. Aliás, essa lua não mingua. Não mingua nunca; ela é sempre crescente.

Ao perceber isso, também podemos começar a nos sentir muito tristes. Dizendo o essencial, nosso ego deixou de ser virgem. Podemos nos sentir bem de certa forma, mas ao mesmo tempo temos uma sensação de perda. Queremos continuar ligados ao nosso bom e velho ego. O bom e velho Joe Schmidt e a boa e velha Susie Doe costumavam ter o ego inflado e tinham um tremenda coragem, elegância e agressividade. Nós costumávamos ficar muito orgulhosos de nosso ciúme, e nunca fomos derrotados. Sempre íamos bem. Se alguém atravessava nosso caminho, costumávamos nos livrar dessa pessoa de um jeito ou de outro. Mas agora a vida é uma bagunça. Permitimos que essa lua boba entrasse em nosso coração. Ficamos mais leves e entristecidos, e não conseguimos ser machistas como antes.

Em casos extremos, você talvez venha a desejar destruir qualquer coisa relacionada a esse princípio de despertar. Você talvez tenha vontade de assassinar seu mestre, queimar seus livros, e, se necessário, se autodestruir, para se livrar da lua. Você acha que ela pode enlouquecê-lo.

Por outro lado, se você olhar para essa situação de uma perspectiva incondicional, trata-se do maior rompimento que você jamais poderia ter tido na vida. Se olhar de fato para a lua em seu coração, vai se sentir muito bem. É o primeiro passo. Pela primeira vez, você se percebeu como uma pessoa real, e não uma falsificação. Mesmo assim, você ainda se sente um pouco solitário e triste. Essa tristeza é o desejo de uma sabedoria maior e de mais descobertas. Há mais por vir.

4

O sol em sua cabeça

Após haver despertado a lua em seu coração, você sente uma espécie de solidão e angústia. A solidão talvez seja sua resistência a seguir em frente, um sinal que o faz parar. Com a lua no coração, você não quer ser perturbado por mais luas, por outros seres humanos. Você se sente bem sendo autossuficiente, e hesita continuar. Nesse momento, é preciso mais heroísmo; a condição de guerreiro se faz necessária.

O próximo passo é aceitar a mágica. Não estamos falando de transformar água em fogo ou de andar pelo teto. Quando falamos em mágica, estamos dizendo que somos capazes de transformar nossa experiência do mundo fenomênico. Nossas experiências usuais de paixão, agressividade e ignorância podem ser transformadas em um estado natural de existência, um estado livre de paixão, livre de agressividade, e livre de ignorância. Essa experiência de mágica natural ocorre ao transplantarmos o sol para nós mesmos.

De acordo com a tradição budista, o sol representa o princípio feminino, e a lua é vista como o princípio masculino. O princípio feminino relaciona-se ao ato de dar à luz e proporcionar crescimento e fertilidade. Para onde você transplanta o sol? Você talvez fique bastante surpreso, mas o sol é transplantado para seu cérebro, dentro de sua cabeça. A lua, o princípio masculino, foi plantada em seu coração, mas o sol é plantado em seu cérebro.

Quais são as qualidades do sol? O sol traz em si o despertar natural, assim como coragem e gentileza. Utilizamos a palavra *natural* para descrever esse estado de ser em oposição a qualquer coisa que seja fabricada. Se algo é fabricado, é artificial, obviamente. Aqui, o despertar natural refere-se a um estado de ser desprovido de qualquer conflito ou agressividade. Assim, o sol representa a gentileza e a graça constantes, bem como a coragem. Todos esses princípios são transplantados para sua cabeça.

Quando o sol, o princípio feminino, é transplantado, ativado em seu cérebro, você percebe a necessidade de organizar sua vida de modo a refletir esse estado natural de inteligência ou discernimento. Você gostaria que seu mundo fosse de alguma forma bem cuidado e organizado, e até mais, poderia vir a ser um mundo glorioso e belo. Então, você começa a transformar o seu mundo em um palácio, um palácio em termos de acomodação e elegância. Esse ambiente elegante não é baseado em revistas como *House Beautiful* ou *Architectural Digest*. Será algo mais semelhante à corte de Genghis Khan, por incrível que pareça. Isso não tem nada a ver com a cultura asiática ou as artes marciais em especial, mas sim com a evocação de um sentido natural de dignidade e esplendor.

Trabalhei com um arquiteto em uma obra de ampliação de Karmê-Chöling, um centro meditação que fundei com meus alunos no campo, em Vermont. Esse senhor projetou toda a ampliação, da sala de meditação à reforma da cozinha. Nós havíamos concordado em quase tudo, até o momento em que sugeri que deveríamos ter colunas na sala de meditação. Ele não conseguia entender o porquê daquilo de jeito nenhum. Veio com uma série de explicações para não colocarmos colunas no meio da sala. Achava que iriam arruinar o apelo visual do espaço e que poderiam até gerar problemas em termos de arquitetura. Ele praticamente chegou a dizer que a construção viria abaixo se colocássemos colunas na sala. Nós conversamos, conversamos, e conversamos. Por fim, ele aceitou, não de muito bom grado, colocar as colunas, mas ainda sem entender os meus motivos. Algum tempo depois, quando os engenheiros revisaram o projeto, viram que havia uma necessidade estrutural para a existência das colunas. O arquiteto havia pensado que se tratava apenas de ornamentação, mas elas mostraram exercer uma função, e ele acabou tendo uma bela surpresa. Esse é um exemplo de como o princípio do sol opera em sua cabeça.

O sol em sua cabeça proporciona inteligência natural à forma como você organiza o seu mundo. Um edifício precisa ter janelas e portas, e vigas e até colunas — se necessário. A sua vida precisa de estrutura da mesma forma. Esse sentido de organização é algo mais fundamental do que colocar um tapete no chão ou pintar as paredes de branco. Um sentido de proteção, ou a característica de possuir um container, é necessário em sua vida. Esse sentido de um perímetro ou de um container, assim como encontrar a saída e a entrada naturais que existem em seu mundo, originam-se do sol que você transplantou para sua cabeça. Você começa a ver que a inteligência resplandece no espaço, porque o brilho da condição de guerreiro está se desenvolvendo.

Você precisa de algo mais do que uma estrutura vazia para expressar o despertar em sua vida. Quem vai habitar esse espaço? Estamos falando sobre a criação de uma atmosfera desperta em sua vida. Os indivíduos criam a atmosfera. Um está na posição ou na função de uma janela em determinada situação, deixando a luz entrar ou ventilando o ambiente. Outro se torna a porta, ou a entrada; outro é o pilar que sustenta ou reforça a estrutura; e um outro é a pia da cozinha, a função prática na situação. Não basta ter objetos inanimados decorando o ambiente. As pessoas têm que se tornar o teto, as janelas, e as paredes. Essa é a essência da existência natural, que chamamos de princípio do mandala.

É preciso haver dignidade e honestidade no ambiente. Com o sol em sua cabeça, essas qualidades são os pontos de referência na organização do seu mundo. Muitas pessoas jamais vivenciaram a dignidade e a honestidade juntas. Talvez achem que dignidade é algo pretencioso ou falso, bem diferente da aspereza da honestidade. Acham que honestidade é como vomitar, regurgitar tudo e não ficar segurando nada. Mas há outro tipo de honestidade, com a qual podemos ser pessoas dignas e humildes. Essa é a essência do decoro do guerreiro.

A honestidade e a confiabilidade do ambiente falam por si sós. Se alguém tem dúvidas em relação ao que você anda fazendo, ao entrar no ambiente criado por você e observar a sua visão realizada, essa pessoa pode começar a relaxar e a aceitar você. Quando você transplanta o sol da sabedoria para sua cabeça, há o despertar, há um sentido natural da existência, e há autenticidade, tudo ao mesmo tempo. É um mundo muito feliz, extraordinariamente encantador.

5

A natureza indestrutível

A condição de guerreiro é um processo natural de evolução. Ao desenvolver uma compreensão e uma conexão básicas relativas a essa condição, plantamos a lua em nosso coração, o qual possui as qualidades de gentileza, compaixão, e despertar. Depois, plantamos o sol em nossa cabeça, o que traz um novo despertar e autenticidade para a toda a situação.

A evolução da condição de guerreiro começa a partir de uma ausência de preguiça. Em geral, somos muito preguiçosos para realizar uma jornada espiritual em nossas vidas. A preguiça aqui refere-se simplesmente ao fato de que não queremos ser perturbados. Você talvez possa ter algum interesse em se desenvolver mais como pessoa, mas tem preguiça de agir. Ao abandonar essa postura, você poderá então transplantar a lua para o seu coração, o que está ligado ao desenvolvimento da sua natureza generosa, compassiva. Você desenvolve a bondade e a amabilidade, ou *maitri*, e, também, a compaixão, ou *karuna*.

Plantar o sol em sua cabeça está relacionado ao desenvolvimento do intelecto, ou *prajna*. Às vezes, resistimos à ideia de desenvolver nosso intelecto. A intelectualização tem uma conotação negativa. Associamos essa ideia a um distanciamento de nossos sentimentos, a uma recusa de olhar ou examinar a nós mesmos profundamente. No entanto, utilizar nosso intelecto para compreender a vida é, na verdade, algo muito bom. O intelecto, ou *prajna*, representa o aspecto mais aguçado de nossa vivência. Aguçar o intelecto leva à precisão. O intelecto nos leva diretamente a ver as coisas como elas são, de forma a não negligenciarmos o potencial em nossas vidas. *Prajna* nos ensina a ser conscientes e precisos em cada momento concreto.

Assim, podemos diferenciar nossas vivências em samsáricas ou confusas, entre iluminadas ou despertas. Na prática da meditação sentada, somos capazes de discernir o que são pensamentos discursivos e o que é a essência da atenção plena e da consciência. Começamos a perceber que há diferenças entre os dois. No entanto, nenhum deles é rejeitado ou aceito por si só. Incluímos tudo em nossa prática. Nosso mundo da prática não deve ser mesquinho, mas sim altamente inteligente.

Se já compreendemos como lidar com as situações de nossa própria vida, iremos então desenvolver um sentido natural de como estender isso também aos outros. Essa capacidade de expansão baseia-se primeiramente no modo como de fato nos vemos enquanto Joe Schmidt ou Karen Doe. Esse aí é um bom John Schmidt? Essa aí é uma Karen Doe deprimente? Ou esse aí é um David Doe malandro? É possível, e já foi feito no passado, ter uma postura em relação a si mesmo que seja bem positiva e comum, em certo sentido, mas que seja também extraordinária e que veja a vida como digna de ser celebrada. Podemos celebrar nossa postura em relação a nós mesmos. Joe Schmidt poderia sentir um genuíno sentido de "Joe-Schmidt-ez" nele mesmo. Há uma conexão de verdade que podemos fazer com nós mesmos.

Em certo sentido, isso é bastante complicado. Se você está tentando alcançar a "Joe-Schmidt-dade", a "egodade", é problemático. A "Joe-Schmidt-dade" é teimosa, agressiva e precipitada. Por outro lado, a "Joe-Schmidt-ez" é bem razoável; esse Joe Schmidt não está procurando alcançar a "Joe-Schmidt-dade" de modo algum, mas sim uma existência que não seja descuidada. Esse Joe plantou o sol na cabeça. Esse Joe Schmidt possui um sentido natural de dignidade. Nesse ponto, Joe Schmidt, ou Karen Doe, alcançou uma compreensão genuína de si mesmo, ou de si mesma. Pode não ser uma realização completa, mas agora, Joe e Karen começam a relaxar e a sentir-se bem em relação a eles próprios.

Aos poucos, a situação se desenrola e se torna agradável e prazerosa ao mesmo tempo. Karen e Joe se ocupam. Eles aproveitam a vida; comem bem; gostam do modo como se vestem, de como andam, de como falam, de como vivem. Embora possam estar morando em um conjugado, sua condição de vida pode ser de alto nível e elegante. Ter muito dinheiro e um apartamento grande não resolve os problemas de ninguém. Você continua vivenciando conflitos emocionais de todos os tipos. A questão é que, qualquer que seja o seu ambiente, você é capaz de criar uma condição de vida de alto nível. No mundo do guerreiro, você é o rei ou a rainha do seu território, por direito próprio. Esse sentido de celebração ocorre por ter trazido a lua a seu coração e o sol a sua cabeça. Elegância e dignidade tornam-se naturais e adoráveis, sadias e boas. Não há dissimulação nem hipocrisia de qualquer tipo.

Essa sanidade natural é o começo do desenvolvimento do que chamamos *vajra* ou natureza indestrutível. *Vajra* é uma palavra sânscrita, equivalente a *dorje* em tibetano. Na verdade, não encontrei uma tradução muito boa para essa palavra. *Vajra* significa ter a natureza de um diamante, uma natureza que é indestrutível. Tendo desenvolvido certa elegância em nossa própria existência pessoal, que se reflete em nossos modos e em nossa compostura, descobrimos então algo mais, que é conhecido como a natureza *vajra*. É uma qualidade de indestrutível despertar e inegável presença.

A indestrutibilidade da natureza *vajra* refere-se à ideia de que ninguém consegue dissuadi-lo do seu compromisso ou da sua existência. Ninguém é capaz na verdade de contestar a sua realização da condição de guerreiro. O espaço está preenchido; e por isso não há risco de que intrusos consigam entrar. Não é possível entrar em um diamante. O diamante já é completamente um diamante, absolutamente indestrutível e inviolável. Talvez você ache que ao começar a desenvolver uma existência *vajra*, você possa se tornar muito orgulhoso, muito arrogante, e talvez queira fortalecer seu próprio egocentrismo. Teoricamente isso é possível, mas na prática, se uma pessoa de fato plantou a lua no coração, esse ato por si só já é o abandono da realidade individual ou egotismo.

Sem a prática da meditação, é difícil, se não impossível, chegar a esse entendimento. Mesmo que você tenha apenas dez minutos por dia na programação de sua prática, vale a pena meditar durante esses dez minutos. A prática irá ajudá-lo a encontrar a gentileza e a bondade em sua vida, e irá ajudá-lo a organizá-la adequadamente, de modo que você possa de fato apreciar a lua em seu coração e o sol em sua cabeça, bem como desenvolver a natureza *vajra*.

A natureza *vajra* está associada à condição iluminada do guerreiro. Refere-se à descoberta da essência do guerreiro. A palavra *guerreiro* é um termo neutro, como já dissemos. Não faz referência ao sexo masculino ou feminino. Se disséssemos "guerreirete" ou "guerreira" para nos referirmos a um guerreiro mulher, estaríamos diminuindo por completo o sentido da condição de guerreiro feminino. Por isso, usamos apenas o termo *guerreiro*.

O princípio feminino é muito poderoso, segundo os princípios de Shambhala da condição não-agressiva de guerreiro, e também segundo os princípios budistas de não-agressividade. Quando você precisa enfrentar ou atacar um inimigo, um obstáculo, o melhor ataque é o que utiliza o poder do princípio feminino. Uma das armas mais letais emerge quando o princípio feminino se torna ira. O simbolismo de pontas de flecha, bombas explosivas, a ponta de um chicote e línguas de fogo é baseado no princípio feminino, um toque de feminilidade, que é mortal.

O princípio masculino é na verdade muito tranquilo e suave, como a lua. Pense em uma tocha, por exemplo. O princípio masculino fornece a base para a chama. O pau que você segura é o princípio masculino, camaradagem sólida e confiável. No alto dessa base, queima a chama feminina, que é imprevisível ou talvez indigna de confiança nesse sentido. Você não pode achar que a tem sob controle.

O princípio feminino realiza ações ao mesmo tempo. Observe uma espada com uma lâmina em apenas um lado: o princípio feminino está associado à lâmina afiada ou ao processo de cortar. O princípio masculino fornece o peso por trás da lâmina. A lâmina é vista como o princípio feminino, que de fato atravessa a situação. Pode gerar sangue, e criar a vida e a morte. No caso da espada, pode causar a morte. O grosso metal por trás da lâmina fornece o peso, que representa o sentido de lealdade e conexão. Em algumas tradições, a lua é vista como feminina e o sol como masculino, mas aqui ocorre o oposto. Se você observar a sua vida e como nos relacionamos uns com os outros, acho que perceberá que essa forma de ver é bem mais correta.

O que conecta ou liga o sol à lua é a autenticidade ou a verdade objetiva da natureza *vajra*. Os dois princípios têm que estar juntos sem dissimulação. Para fazer uma boa espada, a lâmina afiada e o peso da espada têm que fundir-se. Se você segurar uma espada de samurai, sentirá como é leve e pesada ao mesmo tempo. A natureza *vajra* é a forma com que conseguimos unificar nossa experiência para nos manifestarmos no mundo. É a natureza búdica manifestando-se como um diamante. É pôr em prática a natureza búdica.

6

O MUNDO SAGRADO

A experiência do sagrado une a lua em seu coração e o sol em sua cabeça, assim como promove o sentido básico de sanidade ou natureza *vajra* em sua vida. Como já comentamos, com frequência, temos uma percepção deplorável e limitada de nossas vidas. Tentamos ser homens e mulheres bons. Batalhamos durante a vida, fazemos nossa caminhada ponto a ponto, dia a dia. Batalhamos durante o dia, dormimos, acordamos no dia seguinte, e fazemos tudo de novo, sem muita inspiração. Essa atitude em relação à vida muitas vezes é triste e indigna, limitada e sem graça, como uma Coca-Cola sem gás. Às vezes, algo animador ocorre, e sentimo-nos um pouco melhor por algum tempo. Ficamos alegres e de bem com a vida. Mas por trás disso, há o deprimente "eu" familiar que nos assombra o tempo todo.

O deplorável "eu" familiar é como um sapato de chumbo que nos puxa para baixo. No entanto, não temos que viver desse jeito de modo algum. Podemos ter um sentido de celebração e de arrogância positiva. Não se trata de abandonar uma parte de nós e cultivar a outra parte, mas podemos simplesmente olhar para nossa "Joe-Schmidt-ez", com franqueza. Quando fazemos isso, há espaço para nos apaixonarmos por nós mesmos, no bom sentido. Você começa a gostar de Joe Schmidt, e então, o outro Joe deplorável vai se acabando. A sua personalidade não mudou, especificamente, mas o aspecto positivo do seu ser expandiu-se. Podemos ver a vastidão de nosso mundo e ver a nós mesmos receptivos e ilimitados. Podemos ver nosso mundo como sagrado, o que é a chave para unirmos o sol e a lua.

O sagrado surge quando nos tornamos amáveis conosco. Dessa forma, a irritação de estar consigo mesmo desaparece. Quando esse tipo de cordialidade ocorre, também será possível ser cordial com o resto do mundo. Então, a tristeza, a solidão e a infelicidade começam a desaparecer. Adquirimos senso de humor. Não ficamos tão chateados quando começamos o dia com o pé esquerdo. Apreciar nossa dignidade humana é possível a partir de então, e assim, a lua no coração se torna natural e clara, e o sol na cabeça também passa a ser claro e natural.

O sagrado não fica tentando ver o lado bom da vida e usar isso como um trampolim; ao contrário, é uma alegria incondicional que não tem um outro lado. É apenas um lado, um único sabor. A partir daí, a bondade começa a se revelar em seu coração. Por isso, o que experimentamos, vemos, ouvimos, pensamos — todas essas atividades possuem em si mesmas um sentido de santidade ou de sagrado. O mundo nos recebe com muita cordialidade nesse momento. Arestas começam a se dissipar, e a escuridão começa a se afastar de nossas vidas.

Isso não é bom demais para ser verdade. Essa bondade e esse sagrado são incondicionalmente bons. Ao percebermos isso, tornamo-nos seres humanos decentes e guerreiros de verdade. Precisamos lembrar a todo tempo que essa atitude precisa estar sempre acompanhada da prática da meditação sentada. A meditação atua como uma base de treinamento, uma fortaleza; e além disso, a semente da cordialidade com o outro está plantada. O principal é apreciar nosso mundo, que passa a ser o mundo *vajra*, o mundo do guerreiro, um mundo feliz. Nunca é bom demais ou ruim demais.

Para um guerreiro autêntico, a noção básica de vitória não é estar à frente do inimigo. A vitória é incondicional, baseada na condição de guerreiro incondicional. O sagrado significa que a coragem está presente em todas as situações da vida cotidiana, incluindo escovar os dentes e lavar a louça. A coragem aparece em todo lugar, o tempo todo.

No mundo caótico ou do sol-ponente, a disciplina e a uniformidade têm sido bastante desrespeitadas. Mas agir com disciplina e manter certa uniformidade não implica em agressividade. A uniformidade no mundo do guerreiro pode ser um veículo poderoso para alcançarmos a unificação da mente. Essa mente unificada é a mente da amabilidade. A disciplina do guerreiro não é uma expressão de agressividade, mas uma proteção contra a própria agressividade. Assim, os guerreiros devem ser muito amáveis, e não apenas amáveis, mas seres humanos capazes, despertos e bons.

Para um guerreiro, seja o que for que você use é um uniforme, em certo sentido. Se você tem dois braços e dois olhos e um nariz, esse é o seu uniforme. Todo mundo tem um! Os uniformes artificiais, que são sobrepostos a isso no mundo do sol-ponente, são com frequência uma visível expressão de agressividade. Mas no mundo do guerreiro, certa uniformidade é uma expressão de confiança e amabilidade.

A coragem incondicional é alegre e muito luminosa. Não há motivo para qualquer tipo de covardia ou medo, ou para qualquer momento de dúvida. Talvez seja realmente melhor falar em ausência de dúvida do que de medo. Para o guerreiro, não há dúvida; não há que repensar nada. Como o mundo está pleno, como está, não há espaço para dúvida. Assim, a verdadeira noção de vitória não tem nada a ver com lutar contra um inimigo.

Se vitória enseja a ideia de ausência de inimigo, então o mundo inteiro é amigo. Essa parece ser a filosofia do guerreiro. O guerreiro autêntico não é uma pessoa carregando uma espada e vigiando a própria sombra, para ver se alguém está à espreita. Essa é a perspectiva do guerreiro do sol-ponente, uma expressão de covardia. De qualquer maneira, o guerreiro autêntico sempre tem uma arma. Muitas coisas na vida servem como arma, um meio de comunicação que impede a agressão. Pode ser qualquer coisa. Se você usa bigode, isso pode ser sua arma. O guerreiro não precisa carregar uma arma artificial, como um revólver. Pessoas covardes usam revólveres porque são muito covardes, muito medrosas. Não precisamos ter medo de tocar em uma arma, como um revólver, ou mesmo usá-la se necessário, mas isso não significa que você precisa portá-la o tempo todo. A condição de guerreiro é definida pela coragem e pela amabilidade. Essas são suas armas. O guerreiro genuíno se torna verdadeiramente amável porque não há qualquer inimigo.

7

A educação do guerreiro

Neste capítulo, vamos analisar a educação do guerreiro para ajudar-nos a entrar em sintonia com a tradição do guerreiro como um todo. Essa análise nos possibilita observar por outro ângulo o funcionamento de uma mente temerosa, de forma que possamos despertar a disciplina do guerreiro em nós mesmos e ter uma visão clara do Sol do Grande Leste, o sol do despertar. Devemos trilhar um caminho próprio através dos princípios do guerreiro, e esse caminho baseia-se em nosso desenvolvimento ou progresso psicológico pessoal. Descrever aqui a educação do guerreiro é uma forma de refletir sobre nossas realizações ao longo de nosso próprio caminho, assim como de oferecer uma inspiração de como devemos nos relacionar com os outros.

Para início de conversa, temos uma mente temerosa. Essa mente temerosa é a mentalidade daqueles que ainda têm prazer em hibernar no casulo do conforto. As pessoas aparecem com longas listas de motivos pelos quais querem ficar hibernando. Elas reclamam de que o mundo não tem oferecido muita hospitalidade, e por isso precisam ficar em seus casulos. Filósofos, psicólogos, músicos, matemáticos, cozinheiros e costureiras igualmente — todo tipo de pessoa com todos os tipos de mentalidades — talvez tenham respostas próprias sobre os motivos pelos quais querem se manter em seus casulos particulares.

Com base nesse cenário de medo, os guerreiros bebês ou infantes, aspirantes a guerreiros, talvez tenham argumentos ou razões para justificar a permanência nos casulos. Aqueles de nós que abandonaram os casulos e adentraram no mundo do guerreiro são sempre amáveis com esses aspirantes. Nós os respeitamos, mas, por outro lado, não deixamos que permaneçam em seus casulos para sempre. Com delicadeza, retiramos dos casulos aqueles que lá se abrigam, e então, os colocamos no berço da bondade-amorosa, torcendo para que não fiquem chateados por terem sido perturbados.

Às vezes, eles ficam ofendidos. Podem gritar e espernear e até atirar um jato de diarreia em nossa cara, mas ainda assim são de certo modo frágeis e meigos. Apesar dos chutes e dos gritos, nós os aconchegamos no berço da bondade-amorosa. Temos orgulho dessas pessoas e as consideramos aspirantes a guerreiros, apesar de todo seu mau humor. Não desistimos. No entanto, o primeiro passo, fornecer um cuidado carinhoso e uma bondade-amorosa, requer muita paciência.

Após colocá-los no berço, então fornecemos a eles o leite intenso e brilhante proveniente da ausência de dúvidas. A ausência de dúvidas é a maneira com a qual alimentamos esses aspirantes a guerreiro. O leite é intenso e brilhante porque não é um leite comum, mas proveniente das bênçãos da linhagem do guerreiro. Assim, esse leite não alimenta o apego aos casulos de modo que algum dia possam voltar a eles. É um leite especial, vindo do seio do princípio feminino, que aqui representa a paz e a harmonia do mundo de Shambhala. É um leite excelente.

Ao beber esse leite, os aspirantes começam a evoluir. No entanto, não devemos ser muito ingênuos em nossas expectativas. Talvez ainda chutem e gritem a plenos pulmões, mas isso é um bom exercício que os faz ir mais além. Eles devem ter bons pulmões; devem ter boa musculatura. Por isso, deixamos que chutem e gritem. Desde que tomem o leite intenso e brilhante, isso é o melhor que podem fazer nesse momento.

Então, no ambiente da coragem, à sombra fresca da coragem, você abana o leque da alegria e da felicidade. Você não quer empanturrar os aspirantes com esse leite espesso e doce, nem deixar que permaneçam completamente imersos em sua limitada condição doméstica, bebendo leite o tempo todo. Nesse ponto, você quer que eles experimentem a sensação do ambiente mais amplo. O processo educativo é elaborado de forma que eles tenham que sair do berço, mais cedo ou mais tarde; e para ajudá-los a se preparar para isso, no ambiente da coragem, você abana o leque do prazer, da alegria e da felicidade. Eles podem sair um pouquinho, ao menos até o quintal ou o jardim. Estão sendo apresentados ao mundo exterior, que nesse caso é apenas a sombra da coragem. Não é o grande passo, mas é melhor do que ficar confinado em cubículos o tempo todo.

Nesse estágio, o aspirante a guerreiro anda em um carrinho de bebê. Ele se fortaleceu no berço com os chutes, mas ainda precisa ser levado em um carrinho. No entanto, você já pode levá-lo para observar todo tipo de situação, todo tipo de evento da existência fenomênica. Você vai com o aspirante ao parquinho auto-existente, que possui demonstrações de todos tipos do sol-ponente e do Sol do Grande Leste. O parquinho é auto-existente porque não é fabricado por nós. É uma situação natural.

É um pouco como ir à Disneylândia. Você talvez diga que a Disneylândia está repleta das maiores possibilidades do sol-ponente, mas também é muito bem intencionada. Na Disney, há muita bondade, amabilidade e humor, o que é quase comparável ao nível do Sol do Grande Leste, e que não parece basear-se apenas no lucro. O parquinho auto-existente é assim. É uma demonstração de fenômenos que podem ser vistos tanto como uma situação do sol-ponente quanto uma situação do Sol do Grande Leste. Quando há humor mútuo, esse tipo de conexão se realiza.

O próximo estágio é muito importante. É um passo fundamental. O aspirante sai do carrinho e começa a andar, dando alguns passos curtos. Essa primeira experiência é chocante. Não é uma transição suave. E assim, para promover a confiança primordial do aspirante a guerreiro, de repente dão-lhe uma arma.

Isso é algo bastante perigoso. Não fazemos tal coisa com crianças de verdade. Você não entrega um garfo e uma faca a um bebê, porque ele pode fazer alguma coisa estranha com esses utensílios. Ele pode se machucar. Mas aqui não estamos lidando com crianças de verdade. Os aspirantes podem ter oitenta anos, vinte e cinco ou dezesseis. Assim, precisamos ter em mente que não estamos falando de educar crianças aqui. Estamos falando de como realmente inspirar pessoas adultas a sair de seus casulos.

Por isso, nesse caso, levamos os aspirantes ao campo de arco e flecha dos guerreiros, onde há a confiança primordial. Deixamos que os aspirantes disparem flechas, brinquem com o arco, e reconheçam o alvo.

Sair do carrinho de bebê é o primeiro progresso real. Quando você os leva ao campo de arco e flecha, os aspirantes a guerreiro começam a ter percepção e se conectar, porque têm dentro de si a confiança primordial. Eles possuem a bondade fundamental, a humanidade fundamental, e a condição de guerreiro fundamental. Por isso, podem despertar para sua natureza primordial.

Para ajudá-los a despertar, os aspirantes são finalmente apresentados aos vizinhos, colegas guerreiros, e também a suas tias e tios e aos notáveis, os grandes guerreiros do mundo de Shambhala. Se você tenta apresentá-los a essas pessoas cedo demais, eles podem dizer "Nossa! Eu não quero nada com isso." Por isso, primeiro deixamos que eles brinquem com os instrumentos da condição de guerreiro, com arcos e flechas, que são metade brinquedo e metade arma. Então, depois de ir ao campo de arco e flecha, eles começam a se relacionar com os notáveis, que representam o melhor da sociedade humana ou da sociedade de guerreiros, a qual é dotada de beleza e dignidade.

Quando os aspirantes estabelecem essa conexão, podem então sair sem qualquer tipo de carrinho. Já podem andar sozinhos, e talvez comecem a usar ternos e vestidos elegantes, ou armaduras, ou seja lá o que tenham. Os aspirantes finalmente se transformaram em seres humanos plenos.

Assim, a mente temerosa pode de fato se transformar na mente do guerreiro. O aspirante deixou de ser aspirante. Ele ou ela já se esqueceu do casulo há bastante tempo, embora talvez ainda queira voltar para seu carrinho. Mas a verdadeira conexão com o mundo do guerreiro já foi feita. Não se trata na realidade de que a mente do aspirante esteja se transformando na mente do guerreiro, mas sim que ele está concretizando sua natureza inata, que é fundamentalmente boa.

Como agora está se tornando um guerreiro, o aspirante começa a sentir a eterna confiança da juventude. Essa confiança relaciona-se com a experiência do primeiro vislumbre de mágica em seu estado de ser. Sua mente começa a relaxar. O aspirante começa a desenvolver um estado natural de bondade que não tem início nem fim. Nesse momento, quando o despertar começa a ocorrer, o aspirante se transforma finalmente em um guerreiro autêntico que irá vivenciar o Sol do Grande Leste.

8

Não-violência

No capítulo anterior, analisamos o aspirante a guerreiro como um infante no casulo. Podemos também descrever a educação do guerreiro de outra forma, observando o desenvolvimento do ego e o modo como o guerreiro se relaciona com o medo e com outros problemas que surgem da crença equivocada no *eu* como entidade sólida.

Sob esse ponto de vista, o ego se sente bastante solitário e, ao mesmo tempo, se mantém ocupado tentando se defender. Percebe ser constituído por uma série de desejos, expectativas, ideias, conclusões, memórias, e muitas outras coisas. Essa série de coisas é muito complexa para que o ego a compreenda; por isso, ele convenientemente formula "eu sou" ou "eu sou o ego" e tende a rotular-se assim, como se fosse uma entidade individual real. Tendo encontrado um nome para si próprio, o ego trabalha constantemente para se afirmar, pois no fundo sabe que não é real nem firme. Mantém-se assim ocupado tentando construir um muro em torno de si, para se fechar ao "outro". Então, é claro, após criar essa barreira, imediatamente o ego também passa a querer se comunicar com o outro, percebido agora como o que está do "lado de fora" ou o que não constitui o seu próprio ser.

Se alguém se aproxima demais do muro construído, o ego se sente inseguro. Acha que está sendo atacado e que a única forma de defender-se é evitando a ameaça por meio de uma atitude agressiva. No entanto, quando alguém vive uma ameaça que parece vir de fora — seja uma doença, alguma experiência desagradável no mundo, ou oponentes literalmente — a única maneira de desenvolver um estado de ser equilibrado é não tentar se livrar dessas coisas, mas compreendê-las e fazer uso delas. Assim, o desenvolvimento da ausência de ego — o oposto ao jogo do ego — conduz ao conceito de *ahimsa*, ou não-violência. *Ahimsa* é um modo não-violento de lidar com uma situação. É o modo de agir do guerreiro.

Para desenvolver a atitude não-violenta, você precisa antes de tudo ver que seus problemas na verdade não estão tentando destruir você. Normalmente, tentamos logo nos livrar de nossos problemas. Achamos que existem forças agindo contra nós e que precisamos superá-las. O importante é aprender a ter uma atitude amigável em relação a nossos problemas, desenvolvendo o que se chama *maitri* em sânscrito, ou bondade-amorosa. Todos esses problemas e dificuldades são basicamente gerados a partir do conceito de dualidade ou alteridade. Por um lado, você tem bastante consciência dos outros e também de si mesmo, e você quer fazer algo para relacionar-se com os outros. Mas é incapaz de fazer isso porque há um enorme abismo entre você e os outros. Assim, a percepção de ameaça e separação aumenta. Essa é a raiz do problema.

Em certo momento, você passa a ter um desejo verdadeiro de se livrar do muro — a separação entre você e os outros. No entanto, você não deve pensar que precisa lutar contra esses problemas e derrotá-los. Além disso, não deve fomentar a ideia de estar em um campo de batalha, porque isso apenas solidifica os problemas. Em relação a essa situação, as artes marciais são muito interessantes, por sua forma de tratar problemas e exercitar a verdadeira arte da guerra.

Para trabalhar esta dicotomia do eu e do outro, em primeiro lugar é preciso observar os fatos e padrões de vida, isto é, como você se comporta, sua forma de comunicar-se e sobretudo seu estilo de vida. Há alguns aspectos da sua vida que não estão em equilíbrio, mas essas mesmas coisas podem passar a um estado de ser equilibrado, que é o mais importante a ser alcançado. Três coisas geram o desequilíbrio: a ignorância, o ódio e o desejo. Agora, na verdade, essas coisas não são más. Não é uma questão de bom ou mau. De fato, estamos apenas lidando com o desequilíbrio e o equilíbrio. Não estamos discutindo especificamente o aspecto espiritual de nossas vidas ou o aspecto mundano, mas a vida como um todo. No modo desequilibrado de comportar-se, a pessoa não sabe lidar bem com a situação. A atitude que realiza não é apropriada. Uma ação se sobrepõe à outra, não sendo realizada por completo. Isso faz a pessoa não ter plena consciência da situação e não sentir-se presente. O momento presente da ação não é realizado de forma apropriada, pois quando a pessoa está a meio caminho de realizar a ação presente, já começa a partir para outra. Isso gera um tipo de indigestão mental, pois sempre há algo que fica incompleto, como uma fruta comida pela metade.

Se você está colhendo frutas de uma árvore, talvez encontre uma que lhe pareça particularmente deliciosa, pronta para ser comida. Você quer mesmo comer aquela fruta. Mas ao mordê-la, você vê outra fruta na árvore, que parece ainda melhor. Então imediatamente você pula e pega também essa fruta. Desse modo, vai se enchendo de fruta. E acaba comendo frutas que não estão maduras, o que por fim o leva a indigestão.

Por isso, a ideia de equilíbrio é bem simples e pé-no-chão. Há certos padrões de comportamento que não são equilibrados e que são causados pela ignorância, pelo ódio ou pela paixão, ou por uma combinação desses fatores.

Ignorância significa, nesse caso, não ser capaz de realizar suas ações presentes de modo pleno. A ignorância ignora o que é, porque a mente está ocupada com experiências do passado ou com expectativas para o futuro. Assim, você nunca está disponível para estar no *agora*. Ignorância significa ignorar o presente.

Outro problema é a agressividade. Se você é agressivo, no que se refere a suas emoções ou seus sentimentos, não está desenvolvendo sua força de forma alguma, está tentando apenas defender-se de uma maneira muito insuficiente e inadequada. No estado de agressividade, você está sempre buscando o conflito com alguém. Sua mente fica tão ocupada com o seu adversário que você está sempre na defensiva, tentando defender-se, com medo de que alguma coisa vá acontecer com você. Dessa forma, você não consegue encontrar uma alternativa positiva que lhe permita de fato lidar efetivamente com os problemas. Ao contrário, a sua mente fica carregada, e você não tem clareza mental para lidar com as situações. A capacidade de responder e agir de modo apropriado em cada situação não tem nada a ver com posturas agressivas. Por outro lado, não está particularmente baseada na ideia pacifista de não lutar de forma alguma. Temos que tentar encontrar um meio termo, em que possamos colocar a energia de modo pleno, mas sem qualquer agressividade.

O verdadeiro caminho do guerreiro é não tornar-se agressivo e não agir contra outras pessoas nem ser hostil com elas. Normalmente, quando sabemos que temos algum desafio a superar, tendemos a pensar em uma ação ou resposta agressiva, o que é um erro. Temos que aprender que a agressividade é algo muito diferente de usar ou canalizar nossa energia de modo apropriado.

Segundo algumas fontes budistas chinesas tradicionais, monges em alguns monastérios praticavam judô, caratê e outras artes marciais — mas não para desafiar, matar ou destruir outras pessoas. Em vez disso, eles usavam essas artes marciais para aprender a controlar suas mentes e a desenvolver um modo equilibrado de lidar com as situações sem que sucumbissem ao ódio ou ao pânico do ego. Quando se pratica artes marciais, aparentemente a pessoa está envolvida em atividades agressivas. No entanto, no fundo não está sendo agressiva, do ponto de vista de gerar ou exteriorizar ódio. A prática autêntica das artes marciais é buscar desenvolver um estado no qual a pessoa é plenamente confiante, plenamente consciente do que se é e do que se está tentando fazer.

É necessário conseguir compreender o outro lado de qualquer situação, fazer amizade com o oponente ou o problema com o objetivo de ver o oponente de modo claro e perceber que movimento ele fará em seguida. No Tibete, essa ideia é colocada em prática através do estudo da lógica. Quando eu estava estudando no Tibete, aprendemos um sistema de lógica bastante elaborado, no qual você não questiona algo simplesmente do jeito que bem entender, mas tem que utilizar regras e termos lógicos específicos. Quando seu oponente apresenta um argumento em um debate, você tem permissão para responder com apenas uma de quatro possibilidades: "Por quê?", "Não é bem assim", "Está errado", ou

"Não". Essas são as quatro únicas respostas que você pode dar. A outra pessoa pode desenvolver o argumento e atacar você das formas mais variadas, mas você só pode usar essas quatro frases para refutar. Para escolher a frase correta, precisa saber exatamente o que seu oponente irá dizer nos dez minutos seguintes. Você não apenas sabe, você *sente*, porque você é um com a situação. Em teoria pelo menos, você não tem qualquer sentimento hostil em relação a seu oponente. Por isso, não existe agressividade que produza um efeito ofuscante em você ou que o faça ignorar o que está acontecendo. Você enxerga a situação com muita clareza, e é capaz de lidar com ela de modo mais eficaz.

Em geral, quando se quer desenvolver uma maneira realmente efetiva de desafiar algo, é preciso desenvolver bastante *maitri*, ou bondade-amorosa, em relação aos oponentes. A tradução de *maitri* por *bondade-amorosa* ou mesmo *compaixão* costuma ser mais sentimental e ter menos força do que o termo original. Possui certas conotações relacionadas ao conceito popular de caridade e cordialidade com os vizinhos. O conceito de *maitri* é diferente disso. Em parte, é claro, o conceito envolve a ideia de uma atitude sentimental, uma vez que há sempre espaço para emoções. No entanto, *maitri* não significa apenas ser uma pessoa amável e agradável, mas é a compreensão de que é preciso tornar-se um com a situação. Isso não significa que a pessoa fique completamente desprovida de uma personalidade e que tenha que aceitar qualquer coisa que o outro proponha. Ao contrário, você tem que ultrapassar a barreira que construiu entre você e os outros. Se você remove essa barreira e se abre, então automaticamente uma compreensão e uma clareza reais surgirão em sua mente. A questão é que, para conseguir desafiar alguém, em primeiro lugar é preciso desenvolver a bondade-amorosa e um sentimento de desejo de abertura, para que não haja na verdade qualquer vontade de desafiar alguém. Se queremos conquistar ou vencer um desafio em relação ao outro, então, no processo de desafiar essa pessoa, a mente se enche desse querer e não conseguimos de fato desafiar o outro de modo apropriado. Ir além do desafio é aprender a arte da guerra.

Os guerreiros autênticos não pensam em termos de desafio, nem suas mentes se ocupam com campos de batalha ou com consequências passadas ou futuras. O guerreiro é completamente um com a coragem, um com esse momento particular. Ele ou ela está concentrado de modo pleno no momento, porque conhece a arte da guerra. Você tem domínio total sobre suas táticas: não se volta para os acontecimentos passados nem desenvolve sua força pensando nas consequências futuras ou na vitória. Você tem plena consciência nesse momento, o que automaticamente gera o sucesso no desafio.

A partir desse ponto de vista, é muito importante que o guerreiro realmente seja capaz de se tornar um com a situação e desenvolver *maitri*. Então, toda a força oponente torna-se uma com você. A força oponente requer outra força que venha, que avance em direção a ela. Quando o oponente se aproxima de você, quanto mais perto chega, espera cada vez mais encontrar outra força vindo em direção a ele. Quando essa força não aparece, o oponente entra em colapso. Ele perde o alvo, entra em colapso, e toda sua força se torna sua própria derrota. É como se fosse alguém tentando lutar contra suas alucinações: ao tentar bater com mais força, a pessoa acaba caindo no chão. Esta é a questão: quando você não gera outra força de ódio, a força adversária entra em colapso. Também podemos relacionar isso ao modo como lidamos com os pensamentos na prática da meditação. Se você não tenta reprimir seus pensamentos, mas apenas os aceita sem se envolver com eles, então toda a estrutura de pensamento torna-se uma com você e não o perturba mais.

A prática da ioga, que tem sido ensinada através da tradição indiana, também possui algumas relações com a arte não-violenta da guerra. Na ioga, tudo é baseado no conceito da força interior que é revelada. Isso é diferente da ideia comum de desenvolver força. Em geral, tendemos a pensar em força como o desenvolvimento do poder de superar ou controlar outra pessoa. Pensamos em força como um vigor que está nos faltando, o qual pode ser encontrado e desenvolvido com o objetivo de desafiar e vencer alguém.

Na prática correta da ioga, assim como nas artes marciais, a força ou o poder de alguém vem do desenvolvimento de um estado mental absolutamente equilibrado. Em outras palavras, estamos voltando, ou retornando, à origem da força que existe dentro de cada um de nós. Se tivéssemos que desenvolver uma nova força somente através da ginástica ou de práticas físicas, essa força originada a partir da ginástica, por assim dizer, não teria qualquer força mental para reforçá-la e tenderia ao colapso. Mas o tipo de força a que estamos nos referindo aqui é conhecida como força no sentido pleno da palavra, a força do destemor (*jigme* em tibetano). Não ter medo é ter muita força. A concretização da coragem é a arte marcial genuína.

SEGUNDA PARTE

O caminho da coragem

Um guerreiro deve ser capaz de conduzir sua vida com habilidade em cada uma de suas ações, desde tomar um chá até governar um país. Aprender a lidar com o medo, e a utilizar tanto o nosso medo quanto o medo das outras pessoas, é o que nos permite mexer o caldeirão da coragem. Jogue todas as situações de medo e dúvida em um caldeirão gigantesco e deixe que fermentem.

O caminho da coragem está vinculado ao que fazemos neste exato momento, hoje, e não a algo teórico ou à espera de um sinal vindo de algum lugar. A perspectiva básica da condição de guerreiro é que existe bondade em todas as pessoas. Somos todos bons em nós mesmos. Assim, temos nossa própria sociedade guerreira em nosso próprio corpo. Já temos tudo de que precisamos para realizar a jornada.

9

Superando a dúvida

Quando juntamos as antigas tradições espirituais do Oriente e do Ocidente, encontramos um ponto em comum no qual a tradição do guerreiro pode ser vivenciada e realizada. O conceito de ser um guerreiro é aplicável às situações mais básicas de nossas vidas — inclusive à situação fundamental que existe antes do surgimento da ideia de bem e mal. O termo *guerreiro* refere-se à situação básica de ser um ser humano. A essência do guerreiro é a vivência ou bondade fundamental. Essa bondade destemida é livre de dúvida e supera qualquer atitude pervertida em relação à realidade.

A dúvida é o primeiro obstáculo à coragem que precisa ser superado. Não estamos falando aqui de eliminar as dúvidas que você tem em relação a algo específico que esteja acontecendo. Nem estamos falando de dúvidas em relação a fazer parte de alguma organização, ou algo do tipo. Estamos nos referindo a superar uma dúvida muito mais básica, que consiste fundamentalmente em duvidar de si mesmo e sentir que possui defeitos como ser humano. Você não sente seu corpo e sua mente sincronizados nem trabalhando juntos de modo apropriado. Sente que está com frequência sendo passado para trás em algum aspecto de sua vida.

Quando você estava crescendo, bem no início — talvez por volta dos dois anos de idade — deve ter ouvido seu pai ou sua mãe dizer *não* a você. Eles diziam: "Não, não entra aí", ou "Não, não fica mexendo nisso", ou "Não, fica quieto, cala a boca". Ao ouvir a palavra *não*, talvez você tenha respondido tentando satisfazer aquele *não*, sendo bom. Ou talvez tenha reagido negativamente, desafiando seus pais e o *não* que diziam, mexendo em mais coisas e sendo "mau". Esse misto da tentação de ser desobediente e do desejo de ser disciplinado ocorre muito cedo na vida. Quando nossos pais nos dizem *não*, sentimo-nos estranhos em relação a nós mesmos, e isso se converte em uma expressão de medo.

Por outro lado, há outro tipo de *não* que é muito positivo. Mas nunca ouvimos esse *não* básico de modo apropriado: um *não* livre de medo e livre de dúvida. Ao contrário, mesmo quando achamos que estamos fazendo o melhor que podemos, ainda sentimos que não conseguimos ser plenamente o que deveríamos ser. Sentimos que não fazemos as coisas direito. Sentimos que nossos pais e os outros não nos aprovam. Existe essa dúvida fundamental, ou medo fundamental, em relação a sermos ou não capazes de realizar algo.

A dúvida surge em relação a autoridade, disciplina e objetivos durante toda nossa vida. Quando não reconhecemos nossa dúvida, ela se manifesta como resistência e ressentimento. Com frequência, também há algum ressentimento ou reação contra a prática da meditação sentada. No momento em que soa o gongo, sinalizando o início da prática da meditação, sentimos uma resistência. Mas nesse momento, percebemos que é tarde demais. Já estamos sentados na almofada, e assim, em geral, continuamos com a prática.

No entanto, a resistência na vida cotidiana nos proporciona muitas formas de manipular as situações. Quando nos deparamos com algum desafio, com frequência tentamos fugir da situação em vez de encará-la. Damos todos os tipos de desculpas para evitar as exigências que sentimos que nos estão sendo colocadas.

O *não* básico, por outro lado, é a aceitação da disciplina em nossas vidas sem ideias preconcebidas. Normalmente, quando dizemos "disciplina", a palavra traz em si uma porção de sentimentos confusos. É como dizer "mingau de aveia". Algumas pessoas gostam de cereal quente e outras detestam. No entanto, mingau de aveia continua sendo mingau de aveia. É uma coisa bem objetiva. Temos sentimentos semelhantes em relação à disciplina e ao significado do *não*. Às vezes, é um *não* mau, que impõe limites opressivos os quais não queremos aceitar. Ou pode se tratar de um *não* bom, que nos encoraja a fazer algo saudável.

Mas quando ouvimos apenas essa única palavra, *não*, a mensagem fica confusa.

Coragem é ir além dessa visão limitada. O *Sutra do Coração*, um ensinamento essencial dado pelo Buda, fala sobre ir além. "Ir além", *gate* em sânscrito, é o *não* básico. O sutra diz que não há olho, nem ouvido, nem som, nem cheiro, nenhuma dessas coisas. Ao experimentar a ausência de ego, a solidez da sua vida e as suas percepções desmoronam. Isso pode ser bastante desolador ou bastante inspirador, do ponto de vista de *shunyata*, a compreensão budista do vazio. Simplesmente é o *não* básico. É uma expressão real da coragem. Na visão budista, a ausência de ego é preexistente, além de nossas ideias preconcebidas. No estado de ausência de ego, tudo é simples e muito claro. Quando tentamos complementar o brilho da ausência de ego colocando um monte de outras coisas em seu lugar, essas coisas obscurecem seu brilho, tornando-se obstruções e véus.

Na tradição do guerreiro, a perspectiva sagrada é o ambiente luminoso criado pela bondade fundamental. Quando nos recusamos a ter qualquer contato com esse estado de ser, quando nos afastamos da bondade fundamental, então crenças equivocadas aparecem. Usamos todos os tipos de argumento, inúmeras vezes, para não enfrentar as realidades do mundo.

Nós nos deparamos o tempo todo com nossa hesitação em nos envolver de modo pleno nas coisas, mesmo em situações aparentemente insignificantes. Se não queremos lavar os pratos logo depois de comer, podemos dizer a nós mesmos que é preciso deixá-los de molho. Na verdade, na maioria das vezes estamos esperando que outra pessoa da casa lave-os depois. Em outro nível, filosoficamente falando, podemos nos sentir de todo sintonizados com o mundo do guerreiro. Sob esse ponto de vista, achamos que podemos dizer com segurança: "Uma vez guerreiro, sempre guerreiro". Isso soa bem, mas, em termos da verdadeira *prática* da condição de guerreiro, é questionável. "Uma vez guerreiro" pode não ser "sempre guerreiro" se ignoramos a beleza do mundo fenomênico. Preferimos usar óculos escuros a olhar o brilho da luz do sol. (É claro que aqui não estou falando literalmente, uma vez que talvez seja de fato necessário se proteger dos raios nocivos de sol.) Colocamos chapéu e luvas para nos proteger, com medo de que possamos nos queimar. A diversidade das relações, as tarefas domésticas, os negócios, e nosso modo de ganhar a vida em geral são muito irritantes. Estamos sempre à procura de amparo para nos protegermos das arestas do mundo. Essa é a essência da crença equivocada. É um obstáculo para se ver a sabedoria do Sol do Grande Leste, que pressupõe uma visão mais ampla para além de nosso próprio mundinho.

O alicerce da coragem, que é a base para a superação da dúvida e da crença equivocada, é o desenvolvimento da renúncia. Renúncia aqui significa superar aquela mentalidade severamente agressiva que afasta qualquer amabilidade que possa penetrar em nossos corações. O medo não permite que a ternura fundamental entre em nós. Quando a ternura pontilhada de tristeza toca nosso coração, sabemos que estamos em contato com a realidade. Nós sentimos isso. O contato é genuíno, fresco e totalmente puro. Essa sensibilidade é a experiência básica da condição de guerreiro, e é a chave para o desenvolvimento da renúncia desprovida de medo.

Às vezes, as pessoas acham que ser terno e puro é assustador e aparentemente exaustivo. A abertura parece ser exigente e consumidora de energia; por isso, preferem mascarar seu terno coração. A vulnerabilidade pode deixá-lo nervoso de vez em quando. É desconfortável sentir-se tão real, por isso você quer ficar insensível. Você procura algum tipo de anestésico, qualquer coisa que lhe distraia. Assim, pode esquecer o desconforto da realidade. As pessoas não querem conviver com sua pureza básica nem mesmo por quinze minutos. Quando dizem que estão entediadas, com frequência querem dizer que não querem vivenciar a sensação de vazio, que é também uma expressão de abertura e vulnerabilidade. Assim, elas pegam o jornal ou leem qualquer outra coisa que esteja pela sala — chegam a ler o que está escrito na caixa de cereal só para se distrair. A busca por distração para acalentar seu tédio logo se legitima como preguiça. Essa preguiça na verdade envolve muito esforço. Você tem que estar sempre agitando as coisas com que se ocupar, superando o seu tédio permitindo-se a preguiça.

Para o guerreiro, a coragem é o oposto dessa atitude. Coragem é uma questão de aprender a estar. Estar aí todo o tempo; essa é a mensagem. Isso é um grande desafio para o que chamamos mundo do sol-ponente, o mundo do conforto neurótico em que fazemos de tudo para preencher o espaço. Usamos até mesmo nossas emoções como distração. Você pode realmente estar com raiva em relação a algo por uma fração de segundo, mas então prolonga a sua raiva de modo que dure vinte e cinco minutos. Depois você arruma outra coisa para se irritar nos vinte minutos seguintes. Às vezes, se você explode em um bom acesso de raiva, pode durar dias e dias. Essa é outra forma de nos distrairmos no mundo do sol-ponente.

A solução para essa atitude é a renúncia. Nos ensinamentos budistas, a renúncia é associada a ficar nauseado e incomodado com a *samsara*, o mundo confuso. Para o guerreiro, a renúncia é um pouco diferente. É desistir do prazer da distração, ou não se entregar a ele. Vamos jogar fora qualquer preocupação gerada por tudo o que nos acalenta confusamente no mundo fenomênico.

Por fim, a renúncia é o desejo de trabalhar com situações reais de agressividade no mundo. Se alguém irrompe em seu mundo com um ataque de agressividade, você tem que responder a isso. Não há outro jeito. A renúncia é estar disposto a enfrentar essa grave situação em vez de encobri-la. Todo mundo tem medo de falar sobre isso. Pode ser chocante mencionar tal coisa. No entanto, precisamos aprender a lidar com esses aspectos do mundo. Nunca elaboramos qualquer reação ao ataque — seja um ataque verbal ou uma agressão física de fato. As pessoas têm muita vergonha desse tema, embora tenhamos as respostas para esses desafios em nossa disciplina do guerreiro: nosso esforço e nossa manifestação, ou estado geral de ser.

Na tradição do guerreiro, a coragem está relacionada a unir a sua existência básica a uma visão mais ampla, ao Sol do Grande Leste. Para experimentar essa visão tão vasta e exigente, você precisa de uma verdadeira conexão com a bondade fundamental. A chave para isso é superar a dúvida e a crença equivocada. A dúvida é o seu problema interno, com o qual você precisa lidar. Mas então, além disso, talvez exista um inimigo, um desafio, fora de você. Não podemos simplesmente fingir que essas ameaças não existem. Você talvez diga que a sua preguiça é algum tipo de inimigo, mas a preguiça na verdade não é um inimigo. Seria melhor chamá-la de obstáculo.

Como vamos reagir a uma oposição real quando ela ocorre no mundo? Sendo um guerreiro, como lidar com isso? Você não precisa de argumentos partidários nem de respostas prontas. Não ajudam em nada. Em minha experiência de como os alunos costumam lidar com conflitos, percebo que tendem a congelar quando são muito criticados por alguém. Não conseguem se comunicar, o que não ajuda a resolver a situação. Como guerreiros, não deveríamos ser tensos nem reservados. Achamos mais fácil manifestar a bondade fundamental quando as pessoas concordam conosco. Mesmo que concordem apenas em parte com você, você consegue conversar com elas e ter bons momentos. Mas se alguém é irritante e negativo, então você congela, fica na defensiva e começa a contra-atacar. Isso é entender tudo errado. Não se mata um inimigo antes que ele se torne um inimigo. Você só bate em um inimigo quando ele se torna cem por cento inimigo e representa uma ameaça cem por cento real. Se você está interessado em alguém que quer fazer amor com você, você faz amor com essa pessoa, mas não a estupra. É a mesma ideia.

Quando um guerreiro tem que matar o inimigo, está com o coração leve. Ele olha direto para a face do inimigo. Você agarra a sua espada com força e firmeza, e então com o coração leve, parte seu inimigo ao meio. Nesse momento, golpear seu inimigo equivale a fazer amor com ele. Esse golpe tão forte e poderoso é também compassivo. Esse golpe audaz é assustador, você não acha? Não queremos enfrentar essa possibilidade.

Por outro lado, se estamos em contato com a bondade fundamental, estamos nos relacionando com o mundo de forma direta, não importando que a energia da situação demande uma resposta destrutiva ou construtiva. A ideia de renúncia é relacionar-se com qualquer situação que surja tendo um sentimento de tristeza e ternura. Rejeitamos a mentalidade agressiva e radical das gangues de rua. Os distúrbios neuróticos gerados por emoções perturbadoras que nos dominam, ou *kleshas*, surgem da ignorância, ou *avidya*. Essa é a ignorância fundamental que subjaz a toda atividade voltada para o ego. A ignorância é muito insistente e desejosa de continuar com sua visão própria das coisas. Por isso, ela se sente muito correta. Superá-la é a essência da renúncia: nós não temos arestas cortantes.

A condição de guerreiro é tão terna, sem pele, sem tecido, nua e crua. É suave e amável. Você renunciou a colocar uma nova armadura. Renunciou a desenvolver uma pele grossa e dura. Você está disposto a expor a carne nua, os ossos e a medula ao mundo.

Toda essa reflexão não é apenas metafórica. Estamos falando do que você faz se de fato precisa golpear o inimigo, se você está em um combate ou em um duelo de espadas com alguém, como vemos em filmes japoneses de samurai. Não devemos ser muito covardes. Um duelo de espadas é real, tão real quanto fazer amor com outro ser humano. Estamos falando de experiência direta, não estamos psicologizando nada aqui. Antes de golpear o inimigo, olhe em seus olhos e sinta a ternura. Então golpeie. Quando você golpeia o inimigo, o seu coração compassivo torna-se duas vezes maior. Ele incha; torna-se um grande coração; por isso você pode golpear o inimigo. Se você tem o coração pequeno, não consegue fazer isso adequadamente.

É claro que conquistar o inimigo diversas vezes pode não requerer parti-lo ao meio. Você pode apenas virá-lo de cabeça para baixo! Mas você tem que estar disposto a encarar as possibilidades.

Quando o guerreiro experimentou a fundo a sua própria pureza básica, não há espaço para manipular a situação. Você apenas vai em frente e apresenta a verdade sem qualquer medo. Você pode ser o que você é, de uma forma muito objetiva e básica. Assim, a ternura traz simplicidade e naturalidade, quase no nível da ingenuidade.

Não queremos nos tornar guerreiros trapaceiros, com todos os tipos de truques escondidos na manga e jeitos de cortar o argumento das pessoas quando não concordamos com elas. Assim, não há o cultivo nem de nós mesmos nem dos outros. Quando isso ocorre, destruímos qualquer possibilidade de uma sociedade iluminada. Na verdade, não haverá sociedade; apenas algumas pessoas perambulando por aí. Ao contrário, os guerreiros destemidos de Shambhala são guerreiros muito comuns, muito simples. Esse é o ponto de partida para desenvolver a coragem autêntica.

10

As ferramentas da coragem

O caminho da coragem começa com a descoberta do medo. Percebemo-nos temerosos, assustados e mesmo petrificados pelas circunstâncias. Essa inquietude onipresente nos fornece um trampolim de modo que conseguimos passar por cima de nosso medo. Temos que realizar o movimento definitivo para atravessar a fronteira da covardia à coragem. Se fazemos isso corretamente, o outro lado de nossa covardia revela a coragem.

Não descobrimos a coragem imediatamente; mas sim, para além da nossa inquietude, encontramos uma ternura oscilante. Ainda estamos trêmulos, mas trememos com a ternura e não com a perplexidade. Essa vulnerabilidade trêmula contém um elemento de tristeza, mas não no sentido de sentir-se mal consigo mesmo nem de sentir-se carente. Temos, ao contrário, uma sensação de plenitude que é terna e triste.

É semelhante ao que você sente quando está prestes a derramar uma lágrima. Você se sente rico de certo modo porque seus olhos estão cheios de lágrimas. Ao piscar, as lágrimas começam a rolar pelo seu rosto. Também há um elemento de solidão, mas que, novamente, não é baseado na carência, na inadequação ou na rejeição. Pelo contrário, você percebe que só você consegue compreender a verdade da sua própria solidão, que é muito digna e autossuficiente. Você tem um coração pleno, você se sente só, mas não se sente particularmente mal em relação a isso. É como uma ilha no meio de um lago. A ilha é autossuficiente; por isso parece solitária no meio da água. De vez em quando, barcas levam passageiros ida e volta do porto à ilha, mas isso não faz muita diferença. Na verdade, a solidão ou o isolamento da ilha é ressaltado ainda mais.

Descobrir essas facetas da coragem é uma preparação para seguir em frente no caminho do guerreiro. Se o guerreiro não se sente só e triste, então ele ou ela pode se corromper com muita facilidade. Na verdade, essa pessoa pode não ser *sequer* um guerreiro. Para ser um bom guerreiro, é preciso sentir-se triste e só, mas também rico e capaz ao mesmo tempo. Isso faz com que o guerreiro seja sensível a cada aspeto dos fenômenos: a imagens, cheiros, sons e impressões. Nesse sentido, o guerreiro é também um artista, que aprecia tudo o que se passa no mundo. Tudo é absolutamente vívido. Soa muito alto o roçar da sua armadura, soam muito alto as gotas de chuva caindo em seu casaco. O bater de asas de borboletas esporádicas ao seu redor é quase um insulto, porque você é extremamente sensível.

Um guerreiro com essa sensibilidade pode então seguir adiante no caminho da coragem. Existem três ferramentas ou guias práticos que o guerreiro utiliza nessa jornada. A primeira é o desenvolvimento da disciplina, ou *shila* em sânscrito, representada pela analogia do sol. A luz solar penetra em tudo. Quando o sol brilha sobre a terra, não deixa de lado nenhuma área. Faz um trabalho completo. Da mesma forma, como um guerreiro, você jamais deixa sua disciplina de lado. Não estamos falando aqui de uma rigidez militar. Ao contrário, em todos os seus gestos, em cada aspecto do comportamento, você se mantém aberto ao mundo. Você se estende constantemente às coisas a sua volta.

Há uma total ausência de preguiça. Mesmo se o que você vê, ouve ou percebe se torna muito difícil e exigente, o guerreiro jamais desiste. Você segue em frente com a situação. Não recua. Isso lhe permite desenvolver sua lealdade e conexão com os outros, livre de medo. Você pode se relacionar com outros seres sensíveis que estão presos no mundo confuso, perpetuando suas dores. Na verdade, percebe que é seu dever. Você sente simpatia, compaixão e até mesmo paixão pelos outros. Primeiro você desenvolve a sua própria boa conduta, e depois pode estender-se aos outros sem temor. Esse é o conceito do sol.

A segunda ferramenta no caminho do guerreiro é representada pela analogia de um eco, relacionado à consciência meditativa, ou *samadhi*. Quando você tenta descansar da condição de guerreiro, quando quer abandonar sua disciplina ou participar despreocupadamente de alguma atividade, a sua ação produz um eco. É como um som ecoando por um desfiladeiro, reverberando de volta, gerando mais ecos que se sobrepõem uns aos outros. Esses ecos ou reflexos surgem o tempo todo, e se prestamos atenção a eles, fornecem lembretes constantes para ficarmos despertos. No início, o lembrete pode ser tímido de certo modo, mas depois na segunda, terceira e quarta vez que você o escuta, já é um eco muito mais alto. Esses ecos são lembretes para que você esteja no lugar, na situação. No entanto, você não pode simplesmente ficar esperando que um eco venha acordá-lo. Tem que trazer a sua consciência para a situação. É preciso esforçar-se para estar consciente.

Tornar-se um guerreiro significa que você está construindo um mundo que não lhe oferece o conceito degradado de descanso do sol-ponente, que é meramente entregar-se a sua confusão. Às vezes, você se sente tentado a voltar para esse mundo covarde. Você quer apenas flanar e esquecer o eco de sua consciência. Parece um grande alívio não ter que se esforçar tanto. Mas então você descobre que esse mundo sem um eco sequer é mortal. Você acha estimulante voltar ao mundo do guerreiro porque é um mundo muito mais cheio de vida.

A terceira ferramenta do guerreiro é de fato uma arma. É representada pela analogia do arco e flecha, que se relaciona ao desenvolvimento da sabedoria, ou *prajna*, e de meios hábeis, ou *upaya*. *Prajna* é a sabedoria da consciência discriminadora, que experimenta a intensidade de percepções sensíveis e desenvolve precisão psicológica. É a mesma qualidade da inteligência natural que abordamos anteriormente como o sol em sua cabeça. Aqui, você maneja essa inteligência como uma arma de consciência. Você só consegue desenvolver esse tipo de intensidade se alguma experiência de ausência de ego se manifestar em sua mente. Caso contrário, sua mente ficará preocupada, cheia de seu próprio ego. Mas quando você faz a conexão com a bondade fundamental, pode lidar com a real intensidade da flecha e com os meios hábeis fornecidos pelo arco. O arco permite que você controle ou execute a intensidade de suas percepções.

O desenvolvimento dessa sabedoria da consciência discriminadora também permite que você detecte com precisão o inimigo. Um inimigo real é alguém que propaga e promove o egoísmo extremo, ou ego. Inimigos desse tipo promovem uma maldade fundamental em vez de uma bondade fundamental. Eles tentam trazer os outros para seus domínios, com todos os tipos de tentações desde um biscoitinho até um milhão de dólares.

Na tradição do guerreiro de Shambhala, dizemos que só é necessário matar um inimigo a cada mil anos. Falamos aqui do inimigo real, o princípio *rudra* básico, que é a personificação da atitude egocêntrica ou do ego descontrolado. Você pode lidar com outros inimigos subjugando-os ou pacificando-os, conversando com eles, corrompendo-os ou seduzindo-os. No entanto, de acordo com a tradição, uma vez a cada mil anos um assassinato real do inimigo extremo talvez seja necessário. Estamos falando de uma situação muito rara na qual alguém não pode ser atingido de outra forma. Você não pode agir com qualquer agressividade, e sua ação não pode ser motivada por raiva, ganância, nem desejo de retribuição ou vingança. A motivação precisa ser pura compaixão. Você pode usar uma espada ou uma flecha, qualquer meio necessário para dominar o inimigo, acertando em cheio o seu ego. Esse assassinato tem que ser muito objetivo e pessoal. Não é como jogar bombas nas pessoas. Quando atiramos contra o inimigo, e somente então, ele talvez seja capaz de se conectar a alguma bondade fundamental dentro de si próprio e perceber ter cometido um erro gigantesco. Você sempre busca outras alternativas para resolver a situação, mas às vezes elas não existem. É como ter dentes podres na boca. É provável que você precise extrair todos os dentes, colocando uma dentadura postiça no lugar. Depois disso, você talvez passe a apreciar os dentes que perdeu.

De modo geral, esses três princípios — o sol, o eco, e o arco e flecha — estão todos conectados ao processo natural, ou caminho, de lidar com a nossa inteligência básica. Além disso, eles descrevem o decoro e a decência fundamentais da vida do guerreiro.

Um guerreiro deve ser capaz de conduzir sua vida com habilidade em cada uma de suas ações, desde tomar um chá até governar um país. Aprender a lidar com o medo, e a utilizar tanto o nosso medo quanto o medo das outras pessoas, é o que nos permite mexer o caldeirão da coragem. Jogue todas as situações de medo e dúvida em um caldeirão gigantesco e deixe que fermentem.

O caminho da coragem está vinculado ao que fazemos neste exato momento, hoje, e não a algo teórico ou à espera de um sinal vindo de algum lugar. A perspectiva básica da condição de guerreiro é que existe bondade em todas as pessoas. Somos todos bons em nós mesmos. Assim, temos nossa própria sociedade guerreira em nosso próprio corpo. Já temos tudo de que precisamos para realizar a jornada.

11

A coragem incondicional

A coragem tem um ponto de partida, inclui disciplina, percorre um caminho, e chega a uma conclusão. É como o Sol do Grande Leste: o sol nasce, irradia luz, e isso beneficia as pessoas ao dissipar a escuridão e permitir que o fruto amadureça e as flores se abram.

A realização da coragem relaciona-se a três analogias. A primeira é que a coragem é como um reservatório de confiança. Essa confiança provém da experiência da bondade fundamental, a qual já abordamos. Quando nos sentimos fundamentalmente bons, e não degradados ou condenados, então nos tornamos muito inquisitivos, observando e examinando cada situação. Não queremos nos enganar confiando apenas na crença. Ao contrário, queremos estabelecer uma conexão pessoal com a realidade.

O reservatório de confiança é uma ideia bem simples e objetiva. Se aceitamos um desafio e damos alguns passos para realizar algo, o processo produzirá resultados — seja sucesso ou fracasso. Quando você lança uma semente ou planta uma árvore, ou a semente vai germinar e a árvore crescer, ou vai morrer. De modo semelhante, para o guerreiro inquisitivo, a confiança significa saber que nossas ações irão engendrar uma determinada resposta da realidade. Sabemos que vamos receber uma mensagem. O fracasso, em geral, nos diz que nossa ação foi indisciplinada e incorreta de algum modo. Por isso, fracassou. Quando nossa ação é inteiramente disciplinada, costuma ser realizada; obtemos sucesso. Mas essas respostas não são consideradas nem punição nem recompensa.

A confiança, então, é estar disposto a correr um risco, sabendo que o que sobe cai, como se costuma dizer. Quando um guerreiro tem esse tipo de confiança nos reflexos do mundo fenomênico, pode então confiar em sua descoberta individual da bondade. A comunicação gera resultados: seja o sucesso ou o fracasso. É assim que o guerreiro corajoso se relaciona com o universo: não permanece só e inseguro, escondendo-se, mas expõe-se constantemente ao mundo fenomênico, com disposição para correr esse risco.

O reservatório de confiança é um banco de riqueza do qual o guerreiro sempre pode tirar conclusões. Começamos a sentir que estamos lidando com um mundo rico, que nunca deixa de enviar mensagens. O único problema surge se tentamos manipular a situação a nosso favor. Você não pode pescar ou nadar no reservatório. Ele tem que continuar incondicional, sem poluição. Por isso, você não insere nele o seu viés ou condicionalidade. Se isso ocorresse, o reservatório poderia secar.

Normalmente, a confiança significa que consideramos nosso mundo digno de confiança. Pensamos que será gerado um bom resultado, um sucesso. Mas nesse caso, estamos falando de manter uma relação contínua com o mundo fenomênico que não se baseia na obtenção de um bom ou mau resultado. Confiamos incondicionalmente em que o mundo fenomênico irá sempre nos enviar uma mensagem, de sucesso ou de fracasso. A realização de nossa ação sempre nos fornecerá alguma informação. Essa confiança no reservatório impede que sejamos muito arrogantes ou muito tímidos. Se você é muito arrogante, vai acabar batendo no teto. Se você é muito tímido, rastejará pelo chão. Em termos gerais, essa é a ideia do reservatório.

O antigo *Livro das Mutações* chinês, ou *I Ching,* com frequência trata de sucesso sendo fracasso e fracasso sendo sucesso. O sucesso lança as sementes de um fracasso futuro, e o fracasso pode gerar um sucesso posterior. Assim, trata-se de um processo sempre dinâmico. Para os guerreiros, a coragem não significa que celebremos assim: "Olha! Eu estou do lado certo. Eu sou um sucesso." Tampouco sentimos que estamos sendo punidos quando fracassamos. Em qualquer caso, sucesso e fracasso dizem a mesma coisa.

Isso nos leva à analogia seguinte, que é a música. A música está relacionada à ideia de estar sempre alegre. O retorno ou o resultado advindo da prática do guerreiro não é jamais um beco sem saída. Ele nos oferece outro caminho. Sempre podemos seguir em frente, ir além. Assim, o resultado da ação além de sua realização é também a semente para a próxima jornada. Nossa jornada continua, oscilando entre sucesso e fracasso, caminho e realização, assim como se alternam as estações do ano. Sempre há mais criatividade, por isso há sempre alegria na jornada, alegria no resultado.

Por que você está tão alegre? Você é guiado no caminho pela disciplina do sol, pelo eco, e pelo arco e flecha. Você testemunhou a sua bondade fundamental, alegrando-se por não ter que se prender a nada. Você compreendeu o *não* fundamental. Está livre da dúvida e experimentou uma sensação de renúncia. Assim não importa que a situação leve ao sucesso ou ao fracasso, ela leva a uma compreensão incondicional. Por isso, sua mente e seu corpo estão constantemente sincronizados; não há qualquer tipo de carência no corpo ou na mente. A sua experiência é como a música, que possui ritmo e uma melodia sempre se expandindo e sendo recriada. Então, o sentido de celebração é constante, inerente, apesar dos altos e baixos de nossa vida pessoal. Isso é estar sempre alegre.

Tendo desenvolvido a confiança e a capacidade de avaliação, você pode por fim dominar o medo, o que está relacionado à analogia de uma sela. Nos ensinamentos budistas, falamos de desenvolver um sentido de equilíbrio mental tão bom que, se você se desconcentra, sua consciência automaticamente o traz de volta, assim como ao patinar no gelo e perder o equilíbrio, seu corpo automaticamente se reequilibra para evitar a queda. Na sela, contanto que você tenha boa postura e esteja bem posicionado, pode controlar qualquer movimento súbito ou inesperado que o seu cavalo faça. Assim, a ideia da sela é posicionar-se bem na vida.

Uma reação excessiva ou exagerada às situações não deve acontecer nesse estágio. Você tem confiança, está sempre alegre, e assim não há porque sobressaltar-se. Isso não significa que sua vida seja monótona, mas sim que você se sente situado neste mundo. Você tem a sensação de pertencimento. Você é um dos guerreiros deste mundo, então mesmo que pequenas coisas inesperadas ocorram, boas ou más, certas ou erradas, você não as aumenta. Retorna a seu assento na sela e mantém sua postura na situação.

O guerreiro nunca é surpreendido por algo. Se alguém chega e diz: "vou te matar agora", você não se surpreende. Se alguém diz que vai lhe dar um milhão de dólares, você pensa "e daí?". Assumir seu assento na sela nesse estágio significa alcançar a inescrutabilidade, no sentido positivo.

Isso também significa tomar o seu lugar na terra. Uma vez que você tenha um bom lugar na terra, não precisa de testemunhas que lhe deem aval. Uma vez alguém perguntou ao Buda: "Como vamos saber se você é iluminado?". Ele tocou a terra com o gesto simbólico conhecido como o *mudra* de tocar a terra e disse: "A terra é minha testemunha". Essa é a mesma ideia de tomar o seu lugar na sela. Talvez alguém pergunte: "Como vamos saber se você não reage de maneira exagerada nesta situação?" Você pode responder: "Apenas observe minha postura na sela".

A coragem, na tradição do guerreiro, não é treinar a si próprio em paranoia extrema. Baseia-se em um treinamento em solidez extrema — que é a bondade fundamental. Você tem que aprender a ser majestoso. Confiar é como tornar-se um bom cidadão, celebrar a jornada é como tornar-se um bom ministro no governo, mas tomar seu lugar na sela é finalmente assumir o comando. É como ser um rei ou uma rainha.

Ao mesmo tempo, dominar o medo não é algo que se baseie no bloqueio de sua sensibilidade. Se não, você se torna um monarca surdo e mudo, um rei fraco de caráter. Sentar em um cavalo requer equilíbrio, e ao adquirir esse equilíbrio na sela, você passa a ter mais consciência do cavalo. Assim, ao sentar-se na sela montando seu cavalo temperamental, você se sente completamente exposto e amável. Se você se sentir agressivo, é porque não está bem sentado. Na realidade, é provável que sequer esteja montando um cavalo. Você não deve colocar sua sela em uma cerca de curral; tem que encilhar um cavalo de verdade. Nesse caso, conduzir o cavalo é conduzir a mente de alguém. Requer uma conexão plena, ou trabalhar com a outra pessoa. Na tradição budista, isso é chamado compaixão. Você está totalmente exposto nessa situação. Caso contrário, é como um cavaleiro medieval dentro de sua armadura. Ela é tão pesada que ele precisa ser levantado para subir no cavalo. Depois ele parte para a batalha e com frequência cai. Há algo errado com essa tecnologia.

Frequentemente, quando alguém nos diz para não ter medo, achamos que está dizendo para não ficarmos preocupados, que tudo vai ficar bem. A coragem incondicional, no entanto, é baseada apenas em estar desperto. Ao ter controle sobre a situação, a coragem torna-se incondicional pois você não está nem do lado do sucesso nem do lado do fracasso. O sucesso e o fracasso são a sua jornada.

No entanto, às vezes, você fica tão paralisado em sua jornada que seus dentes, olhos, mãos e pernas tremem. Você mal consegue se manter sentado em seu assento; praticamente levita de medo. Mas mesmo isso é visto como uma expressão de coragem se você tem uma conexão essencial com a terra da bondade fundamental — que nesse ponto é bondade incondicional.

12

Unindo o céu e a terra

Nosso próximo tópico é a união do céu e da terra, que é em certa medida o desenrolar natural das disciplinas abordadas nos últimos três capítulos. Ao mesmo tempo, a união do céu e da terra tem a sua lógica própria que pode ser aplicada a nossa jornada como um todo. Nesse caso, o céu é o nosso estado de espírito, e a terra é o nosso corpo físico e o ambiente ao redor. Quando a mente e o corpo se unem de modo apropriado, o sentido de união do céu e da terra está presente. Isso resulta da prática da meditação sentada, antes de tudo. Temos que nos sentar e desacelerar. A disciplina da meditação é um treinamento do corpo e da mente. Na disciplina da meditação, mantemos ao mesmo tempo uma postura ereta constante, característica do corpo, e um modo de lidar com a maior profundidade de espaço ou experimentar uma ampla abertura, o que é trabalhar com nossa mente.

Quando você medita, sua postura é muito importante. O que costumamos chamar de postura relaxada, na verdade, está mais para curvada. Na prática da meditação, sua postura não deve ser rígida, mas precisa ser ereta. Você deve sentir sua coluna reta. Por outro lado, você não quer ser tão rígido que pareça sem vida, como uma estátua de cera. Seus ombros devem estar naturais. Observe seu corpo antes de começar a prática. Ao sentar-se, primeiro verifique a coluna, da cintura aos ombros. Depois observe os ombros propriamente, e, por fim, o pescoço. O lugar em que você se senta deve ser firme, e sua postura deve ser ereta e definida, mas ainda assim relaxada.

A analogia tradicional é a de que sua postura deve ser como a de um rei ou uma rainha sentados no trono. Nesse caso, é claro, estamos falando de um monarca iluminado, um monarca de

Shambhala, e não de algum antigo monarca sentado no trono, com a cabeça pesada por causa da coroa. Esse tipo comum de monarca se sente desconfortável e deseja que os eventos do dia terminem o mais rápido possível. Em contraste, o monarca de Shambhala se sente muito feliz por estar ali.

Quando mente e corpo estão sincronizados em sua vida e em sua prática, o risco de algum tipo de neurose se desenvolver é mínimo. A base da neurose, ou mesmo dor e desconforto físicos, é a não união da mente e do corpo. Às vezes, a mente está a quilômetros de distância, e o corpo está aqui; ou o corpo está a quilômetros de distância e a mente está lá. O mais importante na prática é aprender a ser um ser humano decente, o que chamamos de guerreiro. Quando mente e corpo estão unidos, você está unindo o céu e a terra, e então pode ser um guerreiro autêntico. Essa espécie de harmonia traz a coragem. No entanto, essa coragem também terá relances de medo, incerteza e confusão.

A coragem surge do medo. A lógica é bem simples. Você pode perguntar, por exemplo, por que alguém toma banho. Você toma banho porque se sente sujo. Não fica inspirado para tomar banho apenas por ter roupas limpas no armário. Podemos dizer que a bondade fundamental é como as roupas limpas em seu guarda-roupa. É ótimo saber que elas estão lá, mas não é sempre motivação suficiente para fazer com que você tome banho. A sujeira é o que realmente faz com que você tenha vontade de se lavar. Da mesma forma, a coragem surge do medo.

Ser destemido é antes de mais nada, muito simplesmente, ter menos medo ou experimentar a supressão do medo. Quando como guerreiros experimentamos a dúvida e o medo, ao provocar tanto nossa mente quanto nosso corpo para que se unam, uma boa dose de coragem surge em nosso estado de espírito e se reflete também em nosso corpo. Então, podemos apreciar a bondade fundamental que possuímos.

O primeiro estágio da coragem contém um sentimento de alegria e relaxamento ou bem-estar. Da sensação boa de simplesmente ser você mesmo, surge uma espécie de elevação, que não é por demais solene nem religiosa. É uma alegria estar tão bem de saúde, uma alegria ter uma postura tão boa, uma alegria sentir-se vivo, sentir-se presente. Você aprecia as cores e o clima. Aprecia cheiros e sons. Começa a usar seus olhos, ouvidos, nariz e língua para explorar o mundo.

Você nunca tinha visto antes um vermelho tão incrível e profundo. Pela primeira vez, você vê um azul tão belo e repousante. Pela primeira vez, vê um amarelo tão delicado e acolhedor. Você vê um verde tão refrescante, natural e úmido; um branco tão puro e limpo, como se você estivesse abrindo a boca e expirando ao mesmo tempo. Pela primeira vez, vê um negro tão maravilhoso. É tão verdadeiro que você quase pode dormir em cima dele. Tem um brilho que lhe traz à mente o pelo de um cavalo negro.

Podemos ampliar isso para incluir o resto de nossas percepções sensíveis: som, cheiro, gosto e tato. Em tudo há um sentido de apreciação. Como o mundo é maravilhoso! Como o mundo é belo! Como o mundo é exótico e fabuloso! Você talvez ache que já conhece o mundo, mas se olhar de novo, vai perceber a tremenda beleza e sutileza que existem na percepção. Você começa a se sentir quase como se tivesse nascido de novo, ou nascido de verdade pela primeira vez, tal é o prazer e a apreciação.

A virtude ou decência do guerreiro vem desse sentido básico de bem-estar, livre de quaisquer preocupações neuróticas ou habituais. Decência aqui tem um sentido de alegria, a alegria de viver, a alegria de estar vivo. Assim, a coragem é mais do que apenas superar o medo. Além disso, quando falamos de coragem, estamos descrevendo um estado de ser positivo, pleno de prazer e alegria, com olhos que brilham e boa postura.

Esse estado de ser não depende de nenhuma circunstância externa. Se você não tem condições de pagar a conta de luz, talvez fique sem água quente em sua casa. O prédio em que você mora talvez não seja indevassável. Se você não tem abastecimento de água, talvez precise usar um banheiro fora de casa. Milhões de pessoas no mundo vivem assim. Se você consegue manter uma boa postura com cabeça e ombros erguidos, então independentemente de sua condição de vida, terá uma sensação de alegria. Não é um tipo qualquer de alegria barata. É uma dignidade individual. Essa vivência de alegria e sanidade incondicional é a virtude básica que advém de ser o que somos, nesse exato momento. Você tem que experimentar essa sanidade e esse bem-estar naturais pessoalmente. Ao praticar a meditação, essa experiência se inicia. Então, quando você deixa a sala de meditação e sai e se relaciona com o restante da realidade, descobre que espécie de alegria é necessária e qual é dispensável. Experimentar a alegria pode ser algo momentâneo, ou pode durar muito tempo. De qualquer forma, essa alegria é uma revelação. Você não é mais tímido ao olhar o mundo. Você descobre que a alegria da condição de guerreiro é sempre necessária.

No meio da alegria, a memória do medo pode surgir novamente. No entanto, você é capaz de controlar esse estado temeroso da mente, não importa de onde tenha vindo. Assim, o segundo estágio da coragem é ser capaz de conectar-se com a própria mente ou controlá-la de modo apropriado. A partir daí, o último estágio da coragem é que você é capaz de levar sua mente em qualquer direção que queira, para qualquer área que queira explorar e perceber.

A coragem não é como um tigre selvagem ou um urso pardo que está trancado em uma jaula e ruge a cada vez que você abre a porta. A coragem é poderosa, mas também envolve amabilidade, e solidão e tristeza constantes. Sabedoria e consideração pelos outros fazem parte também da coragem. Quando você é mais corajoso, fica mais acessível, mais gentil com os outros, tem mais consideração e é mais afetado pelos outros. Quanto mais a coragem se desenvolve, mais você fica acessível e vulnerável. É por isso que tristeza e amabilidade fazem parte da coragem.

A alegria da coragem traz a tristeza. A alegria não é solitária. Se assim fosse, haveria algo errado, uma distorção. A verdadeira coragem é como misturar o doce com o amargo. O tom da tristeza alegre é como o som de uma flauta, tão belo e melodioso. Ele captura a sua mente. Não é acompanhado por nenhum outro instrumento musical. A melodia solo da flauta reverbera o eco da vacuidade em sua mente.

Uma solidão como essa é quase romântica, como se você estivesse apaixonado. Você acha que talvez esteja se apaixonando, mas não sabe por quem. Está apaixonado sem um objeto específico em mente. Uma tristeza como essa é muito suave. Não é uma tristeza terrível, mas soa triste porque é suave e dócil.

Nesse estado, sua mente não dá pinotes como um potro. Ela flui como um riacho tranquilo. Há somente um riacho em cada vale, de modo que ele está completamente isolado, fazendo seu burburinho suave ao passar pelas pedras. Esse tipo de tristeza e amabilidade é sinônimo da condição de guerreiro e da coragem, que fazem a vida valer a pena.

Essa experiência gera uma simpatia em relação ao mundo, incluindo o mundo do sol-ponente. A tristeza que você experimenta, assim como a sensação de prazer, o encorajam a compartilhar sua experiência com os outros. Você quer inclui-los em sua visão. Quer trabalhar com os outros e ajudá-los o máximo que puder. A existência confusa, *samsara*, não é vista como algo que você tenha que atacar, nem entendemos a confusão como uma doença da qual devemos nos manter distantes. É claro que se você não é muito forte talvez precise se manter afastado por certo tempo das experiências mais confusas, para não ser tão influenciado pela neurose do mundo do sol-ponente. Mas quando a tristeza e a coragem já estão fortes o suficiente, você deve observar como as pessoas no mundo do sol-ponente se comportam.

As pessoas que vivenciaram o Sol do Grande Leste costumam ser amáveis e corajosas, enquanto aquelas que ainda estão presas ao mundo do sol-ponente são agressivas e amedrontadas. Sempre que a tristeza genuína tenta entrar em suas mentes, procuram impedir que isso aconteça. Para mitigar a tristeza e o vazio que sentem, as pessoas buscam algum tipo de diversão. Esse mundo do entretenimento é projetado para ajudar você a esquecer quem você é e onde você está. A versão de divertimento do sol-ponente é a de esquecer sua tristeza amável e, em vez disso, torná-lo agressivo e "feliz".

No entanto, o que você está experimentando não é nem felicidade nem divertimento reais. Essa noção perversa de felicidade é baseada no esquecimento de que você existe, esquecimento de que sua mente e seu corpo poderiam algum dia estar sincronizados. Essa noção de felicidade é baseada em uma total separação de corpo e mente. O melhor que você faz para alcançar isso é entregar sua mente a uma tela de TV enquanto seu corpo fica jogado em uma poltrona. Isso é o que mais se aproxima da mágica que existe no mundo do sol-ponente. Todos os tipos de entretenimento foram imaginados para que sua mente possa estar separada de seu corpo. O objetivo aqui é exatamente o oposto de unir o céu e a terra. Unir céu e terra não é separar isso e aquilo, mas torná-los indivisíveis. Essa unidade ou harmonia é "isso" ou "Aquilo" com A maiúsculo, sem qualificações.

Normalmente, as pessoas têm muita dificuldade em relacionar-se com o mundo, o que pode ser visto em forma de paixão, agressividade e ignorância — e isso está longe de ser capaz de unir o céu e a terra. Contudo, relacionar-se com os outros, independentemente de suas atitudes, ainda é algo muito importante. A abordagem do guerreiro ao lidar com o mundo do sol-ponente é semelhante a uma folha outonal boiando rio abaixo. A folha não muda de cor, e não luta com o rio. Ela segue junto com ele. Isso gera um efeito natural porque o riacho ou o rio nunca havia transportado uma folha como essa antes. O mundo do sol-ponente não vai saber bem o que fazer com essa folha. Dessa forma, apenas por estar ali, você faz automaticamente com que as pessoas pensem duas vezes.

As pessoas ficam desconcertadas quando você não reage a elas. Você não revida quando o atacam, apenas se mantém como uma folha de outono, independentemente do que façam. Essa é a forma amável de agir. Se houver centenas de milhares de folhas outonais descendo pelo riacho, então a aparência do riacho será completamente modificada por essas folhas. Isso atinge as pessoas que vivem no mundo do sol-ponente, e as leva a pensar duas vezes. Elas talvez sorriam e finjam rir, mas por trás disso na verdade estão chorando, soluçando. Assim, você vê, uma folha de outono tem um poder enorme sobre o mundo do sol-ponente. Essas pequenas folhas podem parar todo o fluxo da água. Se houver folhas outonais poderosas o suficiente, isso é possível. Já aconteceu antes.

Ao lidar com os outros desse jeito, torna-se possível lidar consigo mesmo simultaneamente. Nossa apreciação do mundo nunca diminui. Quando abre os olhos de manhã cedo, você não diz: "Ah, mais um dia, mais sofrimento." Primeiro, você escuta o roçar dos lençóis em sua cama. Sente seus cabelos espalhados pelo travesseiro, se você tiver algum cabelo. De qualquer modo, você sente sua cabeça deitada no travesseiro, e começa a olhar ao redor, e vê as paredes de seu quarto. É assim que o prazer começa a acontecer, desde o primeiro momento ao acordar. Há um sentimento de beleza e sensualidade, praticamente como se você estivesse em um palácio de um rei. Você pensa no que vai comer no café da manhã e no que vai vestir durante o dia. Cada decisão torna-se parte de uma celebração, não é mera rotina. Você percebe que é um ser humano completo. Não se sente ainda arrastando seu cordão umbilical vida afora. Ao contrário, você é um ser humano sadio, completo e independente.

Essas qualidades de celebração, dignidade e bem-estar dão um caráter quase de adoração a sua vida. A partir daí, você descobre o princípio da soberania em sua vida, sendo o rei ou a rainha em sua própria vida. O rei ou rainha do Sol do Grande Leste senta-se no trono do esforço e usa a coroa da paciência. Um rei do sol-ponente estaria sentado no trono da preguiça, usando apenas a coroa da agressividade e da autoridade. O soberano do Sol do Grande Leste tem em mãos o cetro da compaixão e da autenticidade, enquanto o soberano do sol-ponente leva consigo o cetro da dissimulação e da inautenticidade.

Existem duas situações de governo. Uma é pessoal: governar o próprio lar. Você e seu companheiro ou seus amigos ou colegas poderiam construir um reino desse tipo. Além disso, existe uma visão mais ampla de sociedade iluminada, na qual todo o país ou até mesmo o mundo todo é governado com base na união do céu e da terra.

O soberano do Sol do Grande Leste vê o mundo, todo o universo, com uma visão panorâmica. Ele ou ela vê o que precisa ser feito, o que precisa ser conquistado, o que precisa ser superado, o que precisa ser destruído, o que precisa ser amado. Quando você une o céu e a terra, experimenta uma unidade total, um sentido total do *Aquilo* que é inabalável. Você não pode ser perturbado por nenhum tipo de covardia. Você está ali, bem ali. Está conduzindo sua mente, e o que conduz e o que é conduzido são a mesma coisa. São um todo. É a total sincronização de corpo e mente.

13

Tornando-se amigo do medo

Estamos analisando como beneficiar os outros através da união do céu e da terra, enquanto realizamos nossos próprios desejos e desenvolvemos uma perfeita noção da condição de guerreiro. Por você ser um guerreiro, a realização de seus desejos emerge no contexto de não prejudicar os outros, não levar vantagem sobre os outros, e não causar sofrimento nem a si próprio nem aos outros. Já falamos da virtude ou decência básica da condição de guerreiro que vem com a coragem, e de como isso permite que você aprecie o mundo a seu redor. Também já abordamos a possibilidade de despertar nosso instinto básico de uma bondade incondicional. Essa bondade não é nem boa nem má no sentido convencional; baseia-se em voltar a despertar a sua própria natureza fundamental.

A expressão da bondade fundamental é nosso próximo tema. Esse princípio é conhecido em tibetano como *Ashe* (pronunciado a-shay). "*A*" significa "primeiro" ou "primordial". "*She*" significa "sopro" e também "força vital". Assim, *Ashe* é o sopro ou força vital primordial. Também pode significar "poder" ou "fonte de poder". Esse poder não é dado por agentes externos. É um poder que existe naturalmente e que é despertado uma vez mais. O fogo tem um poder em si mesmo. O vento tem um poder em si mesmo. A terra tem um poder em si mesma. O espaço tem um poder em si mesmo. Esse poder não tem começo nem fim, e existe em você, individualmente, inseparável da bondade fundamental.

Às vezes, referem-se a *Ashe* como uma lâmina. A bondade fundamental não pode ser demasiado ingênua. Ela possui sua própria força, a propriedade de eliminar a neurose desnecessária. Se você cuida de uma criança e a ama, de vez em quando é preciso ser incisivo com ela. Às vezes você diz sim, às vezes diz não. Em geral, seu objetivo é ser bom com a criança. Da mesma forma, o princípio *Ashe* manifesta a bondade fundamental através de sua força e poder de corte. Isso faz com que sejamos claros, precisos e ilimitados em nossa visão.

A força da bondade fundamental nos permite permanecer bons, como somos, perante todos os tipos de ataque contra essa bondade. Um dos maiores exemplos da força da bondade fundamental é a experiência do Buda no momento de sua iluminação. No exato momento da iluminação, muitas forças do mal atacaram o Buda, mas ele permaneceu puro e em estado de tranquilidade. "*A*" é aquela abertura básica fundamental, aquele espaço imperturbável e tranquilo, que recebe o sopro ou força do "*she*". Assim, *Ashe* é a poderosa existência que brota da bondade fundamental.

O princípio *Ashe* possui aspectos relativos e absolutos. O *Ashe* relativo vincula-se ao princípio fundamental da coragem. Como sabemos, para compreender a coragem, é preciso compreender o medo em si. O medo é um sentimento que tremula e vacila; fundamentalmente, é o medo da não-existência.

Às vezes, o medo se revela como total covardia. Quando você está com medo, talvez deseje ficar no colo de alguém ou até mesmo se esconder em uma pilha de lixo, porque isso ao menos traz um alento quente e de cheiro forte. Às vezes, você pode estar tão apavorado que não consegue sequer chorar, e você perde totalmente o senso de humor. Perde sua boa postura e começa a se encurvar como um animal. Começa a perder todos os pontos de referência que costumavam ancorar sua existência. O seu coração fica vazio, em um sentido negativo. Você perde totalmente as características do monarca ou soberano, mencionadas no último capítulo.

Esse medo não é necessariamente problemático. É como uma crise de espirro. Dá e passa. No entanto, você tem que analisar o seu medo. Isso é muito importante. Não deve ser um problema para você descobrir seu medo. É bem óbvio e visível. Quando você não consegue apreciar bem um crisântemo ou o sol, é um sinal de medo. Devido ao medo, você talvez perca o senso de humor, a capacidade de apreciação, e talvez bloqueie a intensidade de suas percepções. Você deve ver a intensidade do mundo fenomênico. Ao ser incapaz de fazer isso, precisa desenvolver a atenção plena e a consciência para conseguir lidar com seu medo. Observe como o medo surge, como se manifesta e como se concretiza. Ao começar a compreendê-lo, então perceberá que está mais para uma grande brincadeira do que para um grande problema.

Nesse momento, você não deve tentar eliminar o medo. Ao contrário, o medo deve ser visto como os gravetos que preparam a grande fogueira da coragem. Você precisa entender o medo como o ponto de partida da coragem. O medo não é visto como preto, e a coragem não é vista como branca. Você tem que se tornar amigo do medo.

A coragem resulta da compreensão do medo. Aos poucos, você começa a entender por que se apavora com a não-existência, e por fim começa a compreender a coragem. No início, há uma sensação de alívio, de que você está finalmente olhando e enfrentando seu medo. Então você passa a ter curiosidade. Quer explorar todo o campo do medo. Depois de explorá-lo, você é capaz de alcançar a verdadeira coragem. Essa coragem é bastante incisiva, como o princípio *Ashe*. A lâmina de *Ashe* corta o medo.

Então a coragem desponta como senso de humor ou toque delicado. Nesse momento, você se lembra que não é apenas uma pessoa amedrontada e solitária. Você se lembra que vive em uma sociedade. Quando nos relacionamos com outros seres humanos, tocamos nossa própria criatividade de seres humanos, e começamos a expandir nosso mundo. Essa é a expressão da coragem.

14

A NÃO-EXISTÊNCIA MONUMENTAL

O princípio *Ashe* reside em seu coração, seja você covarde ou corajoso. É sinônimo da bondade fundamental, e é uma manifestação da bondade fundamental. Está em nosso corpo, em nosso coração, em nosso cérebro, em nossas veias, em nosso sangue, em nossa carne. Todos nós possuímos o princípio *Ashe,* o sentido de mágica constante que há em nós. Não precisamos buscar essa mágica, pois ela já está em nós. A única coisa que precisamos fazer é reconhecê-la.

Embora todo mundo tenha o princípio *Ashe* dentro de si, você precisa ser apresentado à ideia de que tal coisa existe em você. Então, você pode ativá-lo e anunciá-lo em sua vida. Assim, a descoberta do princípio *Ashe* também proporciona um sentido amplo de visão. Você talvez esteja perdido, vagando por lugares ermos, achando que é um dos macacos. Então, um ser humano aparece, dá um tapinha em seu ombro e diz: "Ei! Você não é um macaco. Você é um ser humano." Primeiro, você pode ficar espantado, mas depois entende, "Ih! Talvez seja verdade". Então, você começa a fazer uma fogueira, o que macacos não fazem, e você cozinha uma comida no fogo, o que macacos não fazem. Isso é de certo modo uma analogia para esse tipo de transmissão. Ela o faz despertar para toda uma nova dimensão da sua existência.

Perceber o princípio *Ashe* em nós gera uma experiência de brilho e vitalidade. O termo para isso em tibetano é *ziji. Zi* significa "brilho", e *ji,* "dignidade"; assim *ziji* é brilho e dignidade colocados juntos, o que reluz. Quando encontra um amigo que está bem de saúde, você diz: "Você está muito bem." O bem estar que você vê em seu amigo é uma expressão de *ziji.* Pode ser compreendido como um carisma básico, embora não ao estilo de um político ou de um ator de cinema. É um atributo de saúde básica, boa e definida. Não há qualquer obscuridade. É algo sólido, como uma rocha, mas ao mesmo tempo é vigoroso como um tigre. Você é basicamente saudável e forte; por isso, não há espaço para doença nem para que surjam obstáculos.

O caminho do guerreiro é refletir o brilho de *Ashe* no corpo, na fala e na mente. Você tem uma boa postura com a cabeça erguida e os ombros relaxados. Para conseguir isso não é preciso gastar dinheiro algum! *Ziji* se reflete em sua aparência. Você não tem que comprar roupas caras nem ter um corte de cabelo moderno. Pode se vestir de modo simples, ainda assim expressando a sua bondade fundamental natural. Toda a abordagem se baseia em como você age e se comporta.

A fala de um guerreiro é amável mas poderosa. Você não descuida das palavras. Você presta atenção a vogais e consoantes ao pronunciá-las, bem como à sintaxe e à gramática. Você se afirma, seja falando com seu filho de dois anos ou discutindo com seu parceiro. O caminho do guerreiro é prestar atenção à comunicação de modo global, seja falando com um professor universitário, um gerente de banco, um taxista, um motorista de ônibus, ou um lixeiro, ou falando com alguém para pedir informações. A fala do guerreiro não é nunca descuidada.

Em relação à disciplina da mente, você deve descansar sua mente na bondade fundamental e apreciar isso. A apreciação da bondade gera um sentido de celebração. Seu mundo pode estar se desfazendo, você pode estar com uma tremenda dívida, seu marido ou sua esposa pode estar abandonando você, ou você pode estar morando em uma zona degradada em que as sirenes da polícia não deixam você dormir à noite. Apesar de todos esses problemas, se você aprecia ser um guerreiro de Shambhala, o brilho interior da condição de guerreiro vai ajudá-lo. Pense no princípio *Ashe*, a lâmina de barbear que corta a agressividade; e pense na bondade fundamental, que produz elevação constante. Esses princípios não são meras teorias ou conceitos. Tristeza e alegria são uma coisa só na bondade fundamental. Não tente evitar o pesadelo, e não tente ir atrás da salvação. Apenas deixe o seu ser em estado de bondade fundamental. Se necessário, você pode até dizer a si mesmo: "Bondade fundamental." Ajuda.

Até agora temos explorado *Ashe* no sentido relativo; como se manifesta em nossa experiência corriqueira e cotidiana. No nível absoluto, o princípio *Ashe* é a não-existência, que aqui significa estar desprovido de dualidade. É apenas espaço aberto. A tradição budista refere-se à não-existência como *shunyata*. "*Shunya*" significa "vazio", "não", ou "nenhum". "*Ta*" dá o sentido de "vacuidade", "nulidade", ou "não-existência". A não-existência está sempre por trás de tudo. Pode estar encoberta ou pode se manifestar, o que nos permite lidar com isso e aquilo, bom e mau, no sentido relativo.

Na tradição budista, como já foi comentado, falamos em natureza *vajra*, a qualidade de diamante da não-existência, que é absolutamente indestrutível. Não há nenhum viés para o bem ou para o mal. Da mesma forma, o princípio *Ashe* absoluto é descrito como similar a um diamante e impossível de ser destruído. Você não pode ferir nem destroçar o espaço, não importa o quão afiada seja a sua espada.

Muitas vezes falamos de verdade nua e crua, de fatos crus da vida. O princípio *Ashe* são os fatos crus e a verdade nua e crua que não podem ser alterados. Não há nada de místico nele. Se você quiser apreendê-lo, é simples, aberto e intangível, mas está bem ali. Não é mais algo visto como uma experiência mística e fantasiosa. *Ashe* está em você; está no cosmos. É universal. É *Aquilo*. Surge na forma de uma lâmina que corta preocupações e conceitos dualistas de todos os tipos. No todo, esse princípio de bondade fundamental é o não-ego, nada que leve a conflitos, mas bem afiado e soberbamente imóvel e firme. É a não-existência monumental. É a essência da união do céu e da terra.

PARTE TRÊS

Cavalgando a energia do cavalo de vento

Um cavalo de vento é um tipo especial de cavalo. Cavalos são animais maravilhosos. Qualquer escultura de um cavalo é um símbolo sagrado. Os cavalos representam os sonhos selvagens sobre os quais os seres humanos gostariam de ter domínio. O desejo de capturar um animal selvagem ou de capturar o vento, uma nuvem, o céu — tudo isso é representado pela imagem do cavalo. Se você deseja passear pelas montanhas ou dançar com as cachoeiras, tudo isso está incorporado no simbolismo do cavalo. O físico do cavalo — pescoço, orelhas, cara, dorso, músculos, cascos, rabo — é a imagem idealizada de algo romântico, algo cheio de energia, algo selvagem, que gostaríamos de dominar. Aqui, o cavalo é usado como analogia para essa energia e todos esses sonhos.

15

A CONFIANÇA INCONDICIONAL

Nesse momento, estamos prontos para falar sobre como podemos trabalhar com os outros e transmitir-lhes a essência dos ensinamentos de Shambhala. A questão não é converter ninguém a nossa visão, mas sim ajudar as pessoas a despertar sua visão própria, sua lucidez própria. Falando de modo objetivo, como podemos fazer isso? Temos que voltar ao início e olhar de novo para a nossa jornada no caminho do guerreiro.

Nossas opiniões e atitudes sobre nós mesmos são muito importantes. Não podemos ignorar a mínima tendência a nos sentirmos deploráveis, inadequados ou fundamentalmente inseguros. Esses sentimentos sempre aparecem. Isso não significa que você não possa ter algum sentimento ruim sobre você mesmo. No entanto, há um outro lado seu que é a expressão da bondade. Isso tem que ser reconhecido também. Caso contrário, sem essa natureza de bondade, a humanidade nem estaria aqui. Já teríamos nos destruído há muito tempo.

Fizemos nossa jornada, chegamos até aqui, e podemos seguir adiante. Isso é basicamente o que chamamos a visão do Sol do Grande Leste. Não há nada particularmente glamoroso nisso. É uma atitude simples. Além do mais, temos o interesse ou o desejo, assim como a capacidade, de continuar a jornada. Há uma centelha que existe dentro de nós que permite que nos sintamos saudáveis, íntegros e bons.

O que vamos fazer com esse sentimento de cordialidade em relação a nós mesmos? Como isso afeta nossa vida ou a vida dos outros? Quando sentimos que a vida vale a pena e que nós valemos a pena, a partir daí, um sentido de gentileza ou amabilidade começa a desenvolver-se.

É como irrigar a terra em um jardim. Nesse caso, a amabilidade que se desenvolve é como a umidade que ajuda a semente a germinar, fazendo com que as plantas cresçam e as flores desabrochem. Então, além disso, você desenvolve confiança. E aqui estamos falando de confiança incondicional. O sentido usual de confiança é confiança em alguma coisa, o que é algo condicional ou qualificado. Mas nesse caso, a amabilidade e a gentileza fazem brotar um sentimento incondicional que é desperto, vívido e caloroso. Quando temos umidade e calor, sabemos que a planta irá de fato crescer. Essa confiança é a semente que devemos compartilhar com o resto do mundo.

A confiança incondicional é o aspecto pragmático da ternura ou amabilidade. É a ação se originando a partir da gentileza. Desenvolver a confiança é como observar o nascer do sol. No início, parece bem fraco e nos perguntamos se algo vai acontecer. Então, o sol brilha e brilha. Confiança não é de forma alguma uma questão de arrogância ou orgulho. É um processo que se desenvolve naturalmente. Não se trata de precisar ou não de confiança. Ela apenas está ali. Na verdade, nós não temos que desenvolver a confiança. É mais uma questão de *reconhecer* a confiança que já existe.

Se quisermos apresentar essa confiança incondicional aos outros, para ajudá-los a apreciar essa qualidade neles mesmos, não temos que ser pedantes nem impositivos. A confiança está lá. É um fato. É real. Mas surpreendentemente, ninguém a percebeu antes. Assim, falar às pessoas sobre esse estado de ser é apenas falar a verdade. Você não tem que inventar nada de modo algum.

Essa confiança incondicional se manifesta em nossa vida como apreciação: apreciação de nossa inteligência, de nossa simpatia para conosco e para com os outros, apreciação da boa comida e da boa bebida, apreciação por nossa prática de meditação. Apreciar os detalhes da vida começa a abrir nossa vida, para que ela não seja mais apenas uma luta mas uma vida boa e alegre.

Assim, o modo real de compartilharmos nossa compreensão com os outros é nos alegrarmos, para começar. Depois, quando nos comunicamos com os outros, deve ser algo muito emocionante. A ternura baseia-se em tocar um aspecto nosso que é positivo, mas, ao mesmo tempo, ligeiramente triste. Estamos falando sobre uma situação humana e sobre como nos sentirmos seres humanos. A humanidade que existe em nós talvez seja como um útero de uma mulher, muito sensível e que nutre a vida e é capaz de dar à luz. O núcleo da abordagem Shambhala é essa amabilidade fértil. Desse espaço, você pode lidar com o Sol do Grande Leste. Por ser tão humano, você pode quase ser super-humano. Mas, primeiro, temos que começar com a humanidade. Um dos maiores problemas no mundo é que as pessoas não sabem se sentir adequadamente. Por isso, estamos apenas tentando nos sentir, nos apreciar. Toda a apresentação do caminho do guerreiro é baseada nessa amabilidade.

Reconhecer que os seres humanos possuem bondade é o ponto de partida. Caso contrário, podemos cair em um estado deplorável ou atrair a depressão. Podemos dar as costas a nós mesmos, em vez de sermos completamente autênticos. Por outro lado, recusar ser um simples ser humano e tentar sempre ser um super-homem, sem reconhecer a nossa condição humana básica com todas as suas dificuldades e contradições, é outra forma de não ser autêntico. Em ambos os casos, estamos tentando ser algum outro ou alguma outra coisa, e não estamos dando atenção ao que está acontecendo em nossas vidas. Com frequência inventamos ou colocamos alguém em nosso lugar, algum personagem mítico que sequer existe. E então, não conseguimos encontrar nossa própria qualidade humana, e entramos em um monte de problemas. Quando você é genuíno, esse estado de ser é indestrutível. Tudo depende de até que ponto você consegue ser um guerreiro.

16

Descobrindo o cavalo de vento

No capítulo anterior, abordamos a importância da autenticidade, de perceber-se verdadeiramente como ser humano. A partir de então, você começa a compreender que não há nenhum problema fundamental com sua existência humana. Nada que diga respeito a você tem que ser destruído ou aniquilado; não é preciso empreender nenhuma batalha. Como já vimos, esta é a ideia essencial da condição de guerreiro: ser plenamente-vitorioso. Se você precisa lutar, não é plenamente-vitorioso. Quando se é plenamente-vitorioso, não é preciso conquistar nada. Essa é a atitude que tomamos aqui em relação a nós mesmos. Contudo, o reconhecimento da bondade da vida humana não se baseia em suprimir ou desprezar a negatividade. Embora, se você olhar para sua experiência e para sua mente, e fizer uma retrospectiva de todo o percurso de sua vida, quem você é, o que você é, e por que está neste mundo, se olhar sistematicamente, passo a passo, não encontrará nem um pingo de problema sequer.

Se você adota o ponto de vista do Sol do Grande Leste, o mundo fica coeso, e não há de maneira alguma muito espaço para o caos. Novamente, não é uma questão de se *acreditar* na bondade. Mas sim, se você de fato olha, se afasta sua mente, afasta todo o seu ser, e o examina, você descobrirá que é autêntico, juntamente com o resto da existência. O conjunto da existência é bem construído, e não há espaço para adversidades de qualquer tipo.

Em consequência, um sentido mais amplo de saúde ou bem-estar surge. Física, psicológica, doméstica e espiritualmente, você sente que está levando a vida da forma mais plena. Você sente um bem-estar visceral, como se estivesse segurando um tijolo de ouro maciço, que é pesado, substancial e com um brilho dourado. A situação não parece apenas real, mas também de grande riqueza.

Um movimento ou energia surge desse banco de riqueza. Essa energia é vibrante, porque está muito viva, muito desperta, e começa a irradiar, indo e vindo para comunicar-se ou relacionar-se com o mundo fenomênico, o nosso mundo. Normalmente, quando uma pessoa projeta energia, tenta utilizar essa projeção para realizar um desejo ou confirmar expectativas. Isso gera uma lacuna ou ruptura, que subverte o bem-estar. A dúvida com frequência aparece nesse momento. Você pode pegar todos os tipos de febre ou gripe psicológica na lacuna do mal-estar, e pode também transmitir esse mal-estar de volta ao restante de seu mundo.

Na situação humana autêntica, que é a situação da condição de guerreiro, não devemos ter esse problema. Ao contrário, nós nos expandimos e nos estendemos por completo a uma situação, e então recebemos o retorno para desenvolver uma compreensão clara e verdadeira. Não existe nenhum tipo de dúvida. Em geral, a ausência de dúvida do guerreiro se dá porque ele está sempre conectado ao sentimento original de ser verdadeiramente ele mesmo. A partir daí, a saúde plena pode se difundir.

Nesse ponto, chamamos o Sol do Grande Leste de Sol *Dourado* do Grande Leste, em referência a esse estado de saúde. Após termos descoberto isso em nós mesmos, é possível que tenhamos a tendência de tentar imediatamente converter as pessoas para a nossa própria sanidade, o que é um erro se não soubermos bem o que estamos fazendo. Talvez tenhamos experimentado algo que sequer conseguimos identificar, e, embora a experiência possa ter sido muito poderosa, nada de muito relevante ocorre quando tentamos transmiti-la aos outros prematuramente. A única coisa que acontece de fato é que contraímos as doenças mentais e emocionais dos outros e ficamos vulneráveis a seus problemas.

A autêntica comunicação com os outros precisa ser um processo lento e orgânico, que começa conosco. Se nos trabalhamos de maneira adequada e completa, então podemos projetar o bem-estar de forma natural e sem esforço. Ainda não se trata da experiência de ser plenamente um guerreiro, mas apenas de tocar a essência ou a semente da condição de guerreiro.

De um modo natural, o interesse que existe no mundo é parte da visão do Sol do Grande Leste. Mesmo que você esteja fazendo algo muito repetitivo, como por exemplo trabalhar em uma fábrica ou em um *fast-food*, seja o que for que você faça, percebe que cada minuto de cada hora é um novo capítulo, ou pelo menos uma nova página, em sua vida. Um guerreiro não precisa de televisão. Um guerreiro não precisa de gibis para se divertir ou se alegrar. O mundo ao redor do guerreiro é plenamente o que é, e a questão do entretenimento sequer existe.

Em geral, a curiosidade surge do tédio, como uma tentativa de ocupar o tempo com algo interessante. Ou, se você está com medo, talvez faça uso da curiosidade para ajudá-lo a encontrar um porto seguro que o proteja de toda e qualquer ameaça que exista. Para o guerreiro, a curiosidade surge de modo espontâneo e vem com um vivo sentido de prazer. É leve e intensa ao mesmo tempo. Às vezes, quando algo lhe proporciona muito prazer, você veste uma carapaça e se sente mais do que satisfeito. Você pensa: "Estou encantado." É uma autoafirmação. Mas nesse caso, há um toque de dor, que não é negativo, é apenas um toque de sensibilidade ou um incômodo. Quando há interesse, você de novo volta à tristeza e à ternura fundamentais, que então lhe permitem projetar mais autenticidade, o que por sua vez desperta mais interesse. Nesse momento, você sente que sua vida está constantemente indo adiante.

Assim, a lógica do Sol do Grande Leste possui muitas sutilezas psicológicas. Algumas vezes falamos do *caminho* do Sol do Grande Leste. A visão do Sol do Grande Leste nos abre uma trilha. Ao observar o nascer do sol, você pode ver raios de luz vindo em sua direção. Trata-se aqui de uma analogia da trajetória do despertar e da amabilidade, possibilitada pela visão do Sol do Grande Leste, que o convida a percorrer o caminho do guerreiro. A menos que experimente isso pessoalmente, você não será capaz de compartilhar essa jornada com mais ninguém.

A visão do Sol do Grande Leste também está relacionada ao conceito de cavalo de vento, ou *lungta* em tibetano. O cavalo de vento é um sentimento de heroísmo, alegria, elevação e amabilidade — tudo junto no estado de ser da pessoa do guerreiro. O cavalo de vento é um tipo particular de mágica que você descobre ao conectar-se ao princípio *Ashe*, ou confiança primordial. O princípio *Ashe*, na verdade, ativa ou provoca a energia no guerreiro, que passa a ser praticamente uma pessoa sobre-humana. O modo como você se comporta muda. Na verdade, você começa a ficar diferente. Começa a adquirir uma força e elegância incríveis, que mencionamos antes como *ziji*. O cavalo de vento está usando a energia fundamental de *Ashe*; *ziji* é o produto do cavalo de vento. Uma analogia para isso seria dirigir seu carro em uma estrada. *Ashe* é o motor, *lungta* é a gasolina que propicia o movimento do carro, e *ziji* é a velocidade que você alcança dirigindo pela estrada.

Para ser elegante, você não precisa usar roupas da última moda nem fazer ternos sob medida. A elegância não está relacionada a comer nos restaurantes mais caros, dirigir carros de luxo, nem a falar com determinada pronúncia ou com ar de sofisticação. Muitas pessoas tentaram ser elegantes dessa forma, quando tinham dinheiro para isso. Os que não podiam com frequência se sentiam mal porque, para eles, ser elegante era uma questão de dinheiro. Mas, no caso do guerreiro, não é necessário ser extravagante. Você pode comprar algo em um brechó e, quando vestir a roupa, ficar esplêndido, não por saber combinar certos tipos de roupas, mas porque você desenvolveu o cavalo de vento.

O cavalo de vento surge no ambiente da visão do Sol do Grande Leste, que cria uma atmosfera de sacralidade na qual você está sempre indo adiante e recarregando sua energia. Você sente que tem de fato o controle sobre sua vida no sentido mais pleno. Então, não precisa de um arquiteto nem de um alfaiate para recriarem o mundo para você. Nesse momento, você alcança um novo patamar da condição de guerreiro: torna-se um guerreiro de verdade.

Tudo isso faz parte do que chamamos humildade do guerreiro. Por humilde aqui, não queremos dizer ser submisso ou facilmente passado para trás. Ao contrário, a humildade se refere à autenticidade do guerreiro. Sua vida parece sadia porque você tem sido muito escrupuloso e metódico em analisar todo o seu ser. Essa experiência básica é o fundamento de todo o caminho de Shambhala. Se não fosse assim, a discussão do mundo de Shambhala poderia parecer apenas a apresentação de um mito. Seria como assistir a um filme sobre Shangri-la, algo bem corriqueiro e convincente, mas inteiramente inventado.

Quando falamos de elegância, não estamos falando de arrogância. Quando falamos de coragem, não estamos falando de dominação. A autenticidade é diferente de ficar tentando se convencer de que algo existe quando não existe. A amabilidade não pressupõe ser polido e colocar a falsa máscara de um *bodhisattva*.

O cavalo de vento surge na atmosfera básica da consciência e da atenção plena. Uma centelha de prazer ou um súbito vislumbre de despertar pode originar-se desse espaço de sanidade básica e constante. Isso acontece diversas e diversas vezes em sua vida. Em um único dia, você pode descer a um nível quase sub-humano de dúvida e depressão e então retornar ao nível da condição de guerreiro inúmeras vezes, ao longo do dia. A chave para cultivar o cavalo de vento é a prática da meditação. E ainda por cima, você se conecta ao princípio *Ashe*, ou despertar primordial. Por fim, toda a sua vida fica ocupada ou preenchida pela atmosfera da autenticidade, e vislumbres do cavalo de vento podem ocorrer o tempo todo.

O cavalo de vento poderia ser descrito como um banco ou armazém de energia, produto da autenticidade. Se você é um guerreiro iniciante, primeiro tem um vislumbre de autenticidade. Depois, após ter reconhecido sua autenticidade, você experimenta automaticamente a saúde e o bem-estar. Por fim, você sente a centelha ou o vento de *lungta*, o cavalo de vento. Em um guerreiro plenamente desenvolvido, esse processo ocorre de uma só vez, mas podemos falar sobre isso por partes.

Tudo volta a ser autêntico. Onde quer que haja uma lacuna, a única maneira de ser um guerreiro é voltando-se para a autenticidade, que é de certo modo natural e tão terna e dolorosa. Essa é a graça salvadora ou a precaução de segurança para que o guerreiro nunca se perca e nunca desenvolva uma carapaça.

A descoberta do cavalo de vento é realmente apenas uma questão de desistir de sua resistência, e não de se esforçar muito para compreender ou terminar algo. É muito simples e natural. A música *koto* japonesa possui essas qualidades de naturalidade e autenticidade, musicalmente falando. De vez em quando, as pessoas têm medo de reconhecer essas qualidades, o que é uma demonstração de covardia. Se não nos compreendemos, então deixamos de ser autênticos e perdemos tudo aquilo que vem do ser autêntico. Você perde sua saúde e seu cavalo de vento, seu *lungta*. Sem conhecer a natureza do medo, você não pode ir além dele. Mas uma vez que conheça a sua covardia, uma vez que saiba onde está o obstáculo, você só tem que passar por cima dele — talvez precise dar apenas três passos e meio.

17

A centelha da confiança

Há uma diferença entre o guerreiro amador e o guerreiro autêntico, a qual podemos analisar em relação à união do secular com o espiritual. Um assunto está relacionado ao outro. Uma abordagem secular se refere a uma observação direta de nós mesmos e à descoberta de nossa existência, de nossa saúde e de nossa glória sem a influência de uma perspectiva religiosa. Não tratamos especificamente o secular como algo profano. Você tem seus próprios recursos e sua própria existência, e apenas abraça tudo o que houver para ser descoberto.

Podemos perceber que essas experiências "seculares" coincidem com descobertas espirituais do caminho budista. Sem dúvida, estamos utilizando a disciplina da atenção plena e do esforço natural para nos abrirmos a nós mesmos e constantemente nos examinarmos, por assim dizer. De modo sutil, podemos vir a perceber que o secular se torna muito sagrado, muito real e autêntico. A partir dessa autenticidade em que o secular se torna sagrado, começamos a descobrir o guerreiro autêntico, o guerreiro genuíno, em contraste com o guerreiro amador ou imitador.

Nesse momento, talvez possamos discutir um pouco mais como podemos lidar com as outras pessoas e, quem sabe, ajudá-las a despertar. Desenvolvemos nossa própria disciplina e compreensão da coragem; mas como podemos compartilhar isso com os outros? Metaforicamente falando, há todo tipo de maneiras extremas de despertar alguém: batendo na porta, gritando, jogando água fria — todos esses são modos de despertar as pessoas. A maioria de nós já tentou essas formas de comunicação com os outros ao longo da vida, bem como martelar em suas cabeças e atormentá-los. Quando usamos força demais sem a suficiente autoridade básica, ou presença, a situação então se volta contra nós. Esse tipo de coisa irá reverberar de novo em nós. Um guerreiro genuíno não agiria assim de forma alguma.

Se sua forma básica de comunicar-se é exasperando-se com os outros, como se estivesse se dilacerando em um palco diante de um público, algumas pessoas podem até acreditar em sua encenação. Se o público for bastante ingênuo, essa técnica pode até funcionar. Isso já foi feito de forma bem sucedida por algumas pessoas no passado. Com frequência, essa é a abordagem de mestres charlatões. No entanto, uma vez que você já descobriu a sua autenticidade e está conectado com ela, esse tipo de exibição não irá funcionar. O tiro sairá pela culatra. Essa é a graça salvadora do guerreiro. É um mecanismo natural de proteção que torna impossível ao guerreiro autêntico conseguir enganar os outros.

Só há uma forma do guerreiro autêntico projetar-se aos outros: através da compreensão pessoal. Assim, você é capaz de demonstrar às pessoas que a lógica pobre que elas aplicam em suas vidas não traz verdade alguma. Deixe que elas despertem dessa forma.

Um guerreiro genuíno possui muitos recursos dentro de si, recursos que estão sempre lá. Embora você possa sentir-se sem ideias, na verdade nada lhe falta. Você está sendo atacado por sua própria covardia. É possível superar isso e encontrar outros recursos em você mesmo. Um mundo de inspiração se revela todo o tempo.

O truque ou a prática mágica, a chave para se relacionar com os outros, é projetar a saúde física e psicológica de *lungta*, ou cavalo de vento. Você pode ter tido um dia terrível, mas quando volta a sua mente para a comunicação com os outros ao estilo Shambhala, você se sintoniza com o *lungta*. Você se sente bem, saudável e pronto para decolar.

É nesse momento que precisamos ter muito cuidado para não ficar apenas tentando imitar o cavalo de vento, o que é bem enganoso. Especialmente se você estiver enfrentando um grande desafio, como fazer uma apresentação pública, pedir alguém em casamento, pedir o divórcio ou pedir aumento ao chefe, talvez você tenha a tendência a ficar se gabando. Imitar é enganar a si mesmo dizendo: "Eu vou fazer isso, não importa se eu tenho realmente confiança ou não." Você compreendeu um pouco de uma lógica simplista e anotou algumas coisas, e tenta utilizar esses truques para impressionar as pessoas. A imitação quer distância da disciplina e da técnica genuína. É muito prepotente, insensível e opressiva. As pessoas não vão se inspirar em você pela coerção. Nada vai resultar daí, porque você na verdade não se conectou de fato à centelha do cavalo de vento.

A confiança não vem de lugar algum. Apenas surge. É um clarão repentino que possui uma característica bastante sadia. Antes de ter que se apresentar aos outros, você poderia ao menos passar cinco ou dez minutos entrando em sintonia com a confiança. Sente-se em uma cadeira ou em uma almofada de meditação e entre em sintonia com o imenso oceano da sanidade. Então, quando uma centelha de confiança surgir, permita que ela se projete. Não haverá problema. A comunicação autêntica baseia-se na sintonia com a centelha da confiança, que contém todos os elementos do despertar e do poder abordados até agora. Todos esses princípios estão incluídos na centelha, nesse clarão básico. É espiritual e também secular, tudo de uma só vez. É isso que vai chamar a atenção das pessoas. É assim que os pensamentos vagos e os rumores subconscientes dos outros podem ser interrompidos.

18

O outro lado do medo

Enquanto o guerreiro avança pelo caminho, ele ou ela pode atravessar fases de medo intenso. Com frequência, esse medo não surge de lugar algum. Simplesmente aparece; apenas atinge você. Ele pode fazer com que você questione tudo em você mesmo: tudo que estudou, tudo que aprendeu e compreendeu, assim como toda a sua situação de vida. Você sente a miséria do mundo a seu redor e em si próprio.

Esses surtos de medo em geral ocorrem depois de você ter compreendido a visão do Sol do Grande Leste e o princípio da confiança incondicional. Ao compreender as coisas claramente, talvez esse medo surja. Trata-se na verdade de uma outra fase no desenvolvimento da confiança. Você está prestes a descobrir uma nova confiança.

O medo surge desse modo muitas vezes no caminho do guerreiro. É um emblema do seu progresso no caminho. Nos estágios iniciais do processo de desenvolvimento do guerreiro, não vemos qualquer contradição entre nossa compreensão e nossa capacidade para aplicar o que aprendemos. Compreendemos logicamente o processo, e podemos nos conectar experimentalmente com o cavalo de vento. Mas cada vez que damos um passo além, ao começar a descobrir outro estágio ou desafio da condição de guerreiro, quando estamos prestes a dar à luz mais confiança, esse avanço é precedido por uma sensação de medo absoluto.

Quando isso ocorre em sua vida, você deve analisar a natureza do medo. Não é uma questão de fazer perguntas lógicas sobre o medo: "Por que eu estou com medo?" "Qual é a causa do meu medo?". Trata-se apenas de olhar para o estado de medo ou pânico que está tomando conta de você. Apenas observe isso.

Para algumas pessoas, o medo não tem lógica. Para outras, relaciona-se logicamente a isso ou aquilo. Há infinitas possibilidades, e por isso muitas maneiras de provar que os medos das pessoas são válidos. Podemos sempre encontrar boas razões para ter medo. Mas nesse caso, em vez de empreender uma abordagem analítica em relação ao medo, apenas olhe diretamente para o seu medo. E então, mergulhe nesse medo. Se fizer isso, a primeira coisa que irá sentir é um choque completo. O medo traz consigo energia intensa em grande quantidade. Ao mergulhar nele, você vai sentir como se tivesse perfurado um balão, ou como se tivesse mergulhado em água congelada; há um súbito resfriamento.

Então, você vai sentir a pontinha de tristeza de que já falamos diversas vezes. Além disso, pode ter uma sensação contínua de isolamento e incerteza, que são as sobras do medo; mas no entanto, o medo intenso começa a diminuir, e o seu medo se torna de certo modo razoável, sendo possível lidar com ele.

Não estamos falando de um grande evento que vai acontecer em uma tarde qualquer. A tarefa de lidar com o medo ocorre lenta e repetidamente enquanto você avança pelo caminho. Você pode ter muitas repetições: grandes repetições e depois repetições menores. Cada vez que experimenta o medo, torna a experimentar a ideia total de autenticidade, mais e mais completamente, e torna a se conectar com ela. O medo sem dúvida vai surgir em sua vida. Por isso, é crucial saber como combater esse medo avançando por ele e depois saindo dele. Não devemos achar que caímos em uma armadilha. Quanto a isso, estamos livres. Podemos fazer o que quisermos. Essa é uma das atitudes chave que devemos adotar. Mesmo experimentando um grande medo, podemos entrar e sair dele. Isso pode ser feito. Isso é tomar uma atitude imperial: pode ser feito, e podemos fazê-lo. Essa sensação de liberdade e coragem é muito importante.

Se compreender isso, você não vai se acomodar em seu medo. De certa forma, ao perceber seu medo, você já terá saído do outro lado. Entrar em seu medo é como atravessar uma neblina. A questão é se você olha o que está vivenciando simplesmente como algo real ou, ao contrário, como uma gigantesca armadilha, um confinamento. Se você entra em pânico ainda mais, alimenta a covardia. Se não cai na covardia, então você apenas vivencia o medo. Nesse momento, você pode seguir adiante sem ser covarde. Para isso é preciso invocar o cavalo de vento fundamental. Se você é capaz de unir o medo e a incerteza à confiança genuína, então alcançará o outro lado.

Lidar com os dois lados da moeda dentro de si próprio é difícil, mas pode ser feito. Você irá perceber um novo comprometimento para o trabalho consigo mesmo no caminho do guerreiro, sentindo-se mais conectado em sua vida. É nesse ponto que você de fato testemunha a união do céu e da terra. O céu significa sanidade, ou uma compreensão direta e plena. A terra é a praticidade. A união dos dois significa que a praticidade e a sanidade, ou sabedoria, são colocadas juntas, de modo que podemos de fato transmitir a sanidade aos outros.

Outra forma de ver essa situação é que o céu é você e o outro é a terra. A união do céu e da terra é você e o outro unidos na sanidade. No passado, você pode ter sentido como se faltasse algum tipo de ligação com o universo. Às vezes faltava a terra; às vezes faltava o céu. Às vezes os dois não estavam juntos de modo adequado. Agora, finalmente, a experiência se sente plena e completamente integrada. Você redescobre o sentido de saúde, um estado saudável e forte da mente e do corpo. A sua atitude em relação a você mesmo e aos outros começa a iluminar-se. Somente então você pode de fato ter o universo em suas mãos.

19

A invencibilidade

Como estamos nos aproximando do final de nossa jornada juntos, é importante abordar a questão de como realmente manter o mundo de Shambhala em nós vinte e quatro horas por dia, para que não tenhamos apenas um conhecimento teórico sobre como superar a arrogância e desenvolver a confiança. Como podemos aplicar os *insights* que tivemos, para que tenhamos uma percepção de uma prática contínua ocorrendo? Invocar o cavalo de vento e ter a consciência confiante do guerreiro de Shambhala são disciplinas muito importantes, mas há algo mais que precisamos cultivar, uma vivência ou qualidade constantes do sagrado na vida cotidiana.

Já abordamos a descoberta essencial do sagrado anteriormente, no capítulo 6. Agora, eu gostaria de apresentar um novo modo de cultivar a sacralidade incondicional. Problemas, dificuldades e desafios podem aparecer de repente na vida cotidiana. Podemos ter um lampejo de dúvida ou dor ou uma crise emocional. Nesse exato momento, ao mesmo tempo, podemos também ter um lampejo do sagrado seja lá no que for, uma súbita consciência da sacralidade incondicional. É muito importante realmente praticar e manter isso. É algo muito similar à centelha de confiança já mencionada, assim como à ideia de compreensão da natureza e do mundo *vajra*. O cultivo do mundo sagrado de forma imediata é a prática que permite que toda experiência fenomênica se torne parte do mandala de Shambhala, da estrutura básica iluminada de nossa vida.

O sagrado não é apenas uma ideia. É uma experiência. A compreensão do sagrado significa que você vivencia um elemento de poder e dignidade em tudo, incluindo a caneta que está usando, seu pente, tomar banho ou dirigir seu carro. Esses pequenos detalhes da vida possuem neles um elemento da visão e da dignidade mais abrangentes da condição de guerreiro. O céu e a terra estão unidos em cada um desses momentos, o que é a essência do sagrado.

Mesmo que às vezes você sinta que muitas situações na vida são difíceis ou mesmo degradantes, ainda assim o mundo inteiro possui o potencial para a consciência intrínseca. Todos os tipos de desafios e frustrações surgem na vida. Precisamos perceber que essas frustrações, desafios e negatividade possuem sempre um elemento de sagrado. Apreciar a sacralidade é apreciar o céu no qual o Sol do Grande Leste pode nascer. Se não houver céu, você estará tentando fazer o Sol do Grande Leste nascer em uma parede de concreto. Não há muita dignidade nisso.

Primeiro, há o lampejo do sagrado. Depois, se vamos mais além, percebemos que há um senso de humor no sagrado. O humor nesse caso não significa ironizar o mundo, mas sim descobrir uma qualidade de prazer e um leve encanto. Essa compreensão do sagrado pode realmente evitar crises de medo e negatividade. Nossa existência é fortalecida, por assim dizer, com o sentido de apreciação e sacralidade. Se o medo tentar nos aprisionar, irá nos encontrar bastante escorregadios e então perderá sua força facilmente.

A sacralidade também fornece espaço ou acomodação em nossa vida. Se não temos um sentido de espaço, começamos a sentir claustrofobia, um convite à negatividade. A sacralidade é uma centelha de acomodação e generosidade capaz de gerar mais compaixão pelo mundo degradado ou do sol-ponente, bem como mais compreensão da natureza desse mundo. Ela nos revela a dor que as pessoas sentem nesse mundo e o horror de toda a situação. Quando você testemunha isso, consegue ser muito compreensivo, mas não tem que continuar com a neurose. Você não deve ficar particularmente deprimido. Você se sente bem por estar livre desse mundo, e por ter alternativas a oferecer, o que pode ser libertador para você e também para os outros.

Você começa a ver os detalhes do mundo samsárico ou do sol-ponente de forma muito clara porque você e o seu mundo estão esplendorosamente iluminados. O espaço sagrado permite que você veja os contrastes entre a elegância e a falta de elegância, entre a confiança e a covardia.

É como uma luz bem forte iluminando uma sala escura. Ao ver a luz, você vê ao mesmo tempo a escuridão ao redor, e quanto mais escuridão você vê, mais forte a luz se torna. A razão pela qual o guerreiro é invencível é que ele vê o mundo de seu adversário clara e completamente. Como conhece o outro mundo muito bem, o guerreiro não sofrerá um ataque nem será desafiado. Aqui, a espacialidade o torna compassivo com os outros, mas ao mesmo tempo invencível. A invencibilidade não implica em ser insensível. Ao contrário, por ser muito sensível, natural e forte, você pode ser ao mesmo tempo duro como um diamante.

Nesse ponto, o guerreiro é humilde como um tigre, não como um gatinho. Existe um coração de verdade por trás de sua humildade. A humildade pode rugir e se expressar. Ser humilde não é ser por demais cauteloso nem ter medo de cometer erros. Você pode ter muitos problemas, mas eles vão se resolver por si mesmos se você estiver verdadeiramente conectado à sacralidade do mundo.

Ao mesmo tempo, a percepção do sagrado traz mais solidão, esse sentimento triste e terno que já abordamos. Surge com uma percepção de que só você conhece seu mundo. Nem tudo é possível de comunicar aos outros. Sempre haverá aspectos de sua experiência que não consegue compartilhar. É um sentimento de amor não correspondido. Mas isso não é um problema em especial. Ao contrário, é a origem do sagrado. A ternura equilibra sua experiência, de modo que você não sente que está usando um terno ou uma armadura e batendo no peito. Para o guerreiro, a proclamação de sua sabedoria sempre vem acompanhada de suavidade e tristeza.

20

Como invocar o cavalo de vento

O que inspira a visão do Sol do Grande Leste como um todo é a ideia de ficar maravilhado por ser um ser humano. O sol nascente possui as qualidades de um sol criança ou adolescente, enquanto o Sol do Grande Leste é o sol maduro, o sol que vemos no céu por volta de dez da manhã. Ficamos maravilhados por ser quem somos e maravilhados com a situação em que nos encontramos. Apreciamos as coincidências que nos conduziram a esse ponto de nossas vidas.

Após a descoberta do Sol do Grande Leste, como podemos tornar realidade essa visão? O primeiro passo é simplesmente a condição básica de guerreiro, apreciar quem somos, o que somos, onde estamos. Essa apreciação e investigação podem gerar medo e questionamento. O medo se torna nosso material de estudo, o que por sua vez se torna nossa base de trabalho. Começamos a perceber que não temos outra escolha a não ser lidar com o medo, e depois superar o medo e a hesitação. Como não temos outra opção em nossa jornada, desenvolvemos um sentido mais profundo da condição de guerreiro. Na verdade, nós nos identificamos como guerreiros, e além disso, nos tornamos cidadãos do mundo de Shambhala, o mundo do guerreiro.

Como devemos agir nesse ponto do caminho do guerreiro? O mecanismo ou a técnica que utilizamos é a invocação do cavalo de vento, ou *lungta*. A prática do cavalo de vento é um modo de banir a depressão e a dúvida. É um processo de encorajamento. Em outras palavras, invocar o cavalo de vento traz à tona o aspecto vivo da coragem e da confiança.

O processo de invocar o cavalo de vento começa com sentar-se, tomar seu lugar no mundo do guerreiro, no mundo sagrado.

Trata-se de encontrar o lugar certo para estar. Só você pode escolher o lugar mágico. Não é possível descobri-lo através de especulação intelectual nem de pesquisa científica. Você não vai poder usar a tecnologia para encontrar o lugar certo. Apenas passa a agir como um guerreiro. Ao assumir a postura do guerreiro, você se sente voltado para o mundo que o cerca. É para o leste que o seu olhar se orienta; o sul está a sua direita; o oeste está atrás de você; o norte está a sua esquerda.

Essas direções não são geográficas, nem esse sentido de direção é científico. É intuitivo. Por exemplo, quando falo com alguém, o meu leste está voltado para essa pessoa e o leste dela vem em minha direção, e assim nós nos encontramos no leste. Onde quer que exista um ponto de encontro, ele se dá no leste, o qual podemos agora chamar de Grande Leste. É onde ocorre a visão para frente, o que inclui muitas atividades humanas: comer, fazer amor, andar. Você está sempre indo em direção ao leste. Você costuma andar para frente; quando come, sua comida fica em frente a você; quando fala com alguém, em geral você está de frente para a pessoa. Essa é a ideia da visão para frente.

Depois de assumir o lugar mágico, você deve preparar o trono do soberano. Isso é reconhecer que não está invocando o cavalo de vento isoladamente, mas fazendo parte de uma sociedade maior. Para que exista uma sociedade, é preciso haver algum sentido de liderança. O trono do soberano simboliza isso. Como guerreiro, você faz parte do povo do Sol do Grande Leste. Você é um cidadão desse mundo. A conexão com esse sentido de comunidade ou sociedade maior ocorre ao se preparar o trono do rei ou da rainha. Em sua vida pessoal, você pode ser o soberano. Na sociedade do guerreiro, você é uma parte integrante de todo o mandala.

No processo de fazer surgir o cavalo de vento, o passo seguinte é contemplar o Sol do Grande Leste. Assumir nosso lugar no mundo produz um efeito quase físico. Uma grande quantidade de energia é gerada, e você começa a sentir que praticamente *é* o Sol do Grande Leste. Você tem uma sensação de brilho e resplendor. É uma experiência próxima ao sublime. Pode ser longa ou levar um instante. Ao sentir isso, você deve apenas tocá-la. Tocar a energia, não entregar-se a ela nem exagerá-la. Apenas tocar.

Nesse momento, você se sente conectado a uma energia maior, algo além de sua própria existência pessoal e mesmo do lugar que você ocupa na sociedade. Você sente que está tendo acesso ao que herdou, a completa tradição da condição de guerreiro. E então agora você sente que está dando as boas vindas à linhagem Shambhala de reis e rainhas guerreiros e convidando-os a testemunhar, ou mesmo julgar você, enquanto você invoca o cavalo de vento. Em outras palavras, você sente a experiência legitimada; não há nenhum tipo de falsidade. Você está fazendo algo deliberado, preciso, claro e real. Pode ser vazio, no sentido budista de que toda experiência é vazia. No entanto, trata-se do vazio genuíno, uma imaginação ou visualização genuína e poderosa, poderíamos dizer.

Então, após preparar o terreno e chamar os convidados ou testemunhas, você está pronto de fato para invocar ou fazer surgir o cavalo de vento imediatamente. O que estamos invocando é um *cavalo* de vento, que é um tipo especial de cavalo. Cavalos são animais maravilhosos. Qualquer escultura de um cavalo é um símbolo sagrado. Os cavalos representam os sonhos selvagens sobre os quais os seres humanos gostariam de ter domínio. O desejo de capturar um animal selvagem ou de capturar o vento, uma nuvem, o céu — tudo isso é representado pela imagem do cavalo. Se você deseja passear pelas montanhas ou dançar com as cachoeiras, tudo isso está incorporado no simbolismo do cavalo. O físico do cavalo — pescoço, orelhas, cara, dorso, músculos, cascos, rabo — é a imagem idealizada de algo romântico, algo cheio de energia, algo selvagem, que gostaríamos de dominar. Aqui, o cavalo é usado como analogia para essa energia e todos esses sonhos.

No processo de invocar o cavalo de vento, há três estágios. O primeiro é ter uma *mente alegre, livre de dúvidas*. Quando você monta um cavalo, se estiver relaxado com o cavalo, você sente que na verdade está cavalgando no topo do mundo. Há um sentido de conquistar e de ser conquistado ao mesmo tempo. No exato momento em que está no cavalo, não há qualquer tristeza, e não há dúvida de que você está no topo do universo, conduzindo o mundo. É claro que, ao mesmo tempo, você tem que dar atenção às rédeas, a sua postura, ao equilíbrio de seu corpo sobre o cavalo, e a muitos outros fatores. Ainda assim, você deve admitir que está conduzindo sua própria mente da melhor forma possível. Há um sentimento quase militar de força e presença, e talvez até um sentimento de soberania.

Você está em contato com uma energia completamente diferente. O cavalo e o cavaleiro são entidades diferentes, sem dúvida. Você é humano, e o cavalo é um cavalo. No entanto, uma certa conexão pode ser feita. Quando está cavalgando, você experimenta uma unidade com o cavalo, sobretudo se você for um bom cavaleiro, livre de dúvidas.

O mesmo se aplica à condução de seu próprio estado mental, seu próprio estado de ser. Existem dúvidas de todos os tipos: dúvidas sobre você mesmo, dúvidas sobre os outros, e dúvidas sobre a situação. Ao cavalgar, talvez você tenha dúvidas sobre o seu cavalo, sobre o ambiente, e sobre a sua capacidade de conduzir esse cavalo em particular. Ainda assim, há um sentido geral de junção ou unidade. Ficar essencialmente livre de dúvidas é possível quando você está bem montado no cavalo da mente.

O segundo estágio nesse desejo pelo cavalo é ter uma *mente genuína de tristeza*. Tendo superado completamente suas dúvidas, você está neste momento montado em seu cavalo e você se sente *lá*, bem lá. Ao mesmo tempo, pode haver um pouquinho de frustração, querendo que você vá além. Você gostaria de poder conduzir tão bem o seu cavalo, sem qualquer esforço, que não fosse preciso sequer pensar na questão de conduzi-lo, mas você estaria apenas usando sua própria mente sem qualquer esforço. A noção de tristeza advém desse tipo de frustração.

Sua tristeza é quase uma nostalgia, embora essa não seja a palavra mais adequada. Nostalgia significa desejo de algo no passado, mas aqui é o caso de uma nostalgia pelo presente. É angústia. Você deseja poder transmitir tudo o que está em sua mente a outra pessoa. Você gostaria de conseguir comunicar-se plenamente com alguém. Todos querem fazer isso, em especial quando estão apaixonados, ou quando estão com raiva. Mas costuma ser algo impossível. Esse tipo de comunicação só pode ocorrer com gestos. Há muitas coisas que as palavras não dizem. Essa é a maior frustração dos seres humanos.

Quando falamos de tristeza aqui, estamos falando no contexto de nossa devoção à condição de guerreiro e ao mundo de Shambhala. Sentimo-nos muito envolvidos com a herança de sanidade que foi compartilhada conosco, e desejamos expressar isso. Você gostaria de capturar ou incorporar o guerreiro iluminado, verdadeiro e genuíno em seu estado de ser. Mas não consegue fazer isso plenamente.

Essa tristeza vem também da alegria. A experiência alegre, elevada e quase arrogante de montar esse cavalo especial faz com que você se sinta muito bem. No entanto, o bem estar possui traços de tristeza. Trata-se de uma tristeza genuína e não de uma encenação de tristeza nem de uma tristeza desesperada. O cavalo de vento toca o seu coração por ser muito real. Quando o guerreiro atinge esse estado mental, começa a sentir que está empinando uma pipa que vai subindo pelos ares, enquanto a linha está presa a seu coração por um gancho. Assim você conduz seu cavalo, soltando a pipa, com o gancho no final da linha tocando seu coração.

Por fim, o terceiro estágio nesse desejo pelo cavalo é estar *subitamente livre da mente fixa*. Você não fica de modo algum olhando para trás nem tentando confirmar alguma coisa. Livrar-se da mente fixa significa que não há retorno. Você não está tentando forjar uma situação nem um argumento para confirmar a sua experiência. Há a percepção poderosa de que você está vivenciando o mais alto nível de tristeza e alegria genuínas, livres de dúvidas. Não há qualquer tipo de rumor subconsciente em sua mente. Ela está de todo parada, apenas parada, no sentido positivo. A tentativa de criar um estado mental subconsciente seria problemática a essa altura. Assim, a ideia é passar por isso, do mesmo modo que fazemos na prática da meditação sentada. Deixamos os pensamentos fluírem, de modo natural e poderoso. Como você está mesmo lá, de verdade lá, não há de maneira alguma mente subconsciente.

O ato de invocar o cavalo de vento é simbolizado pelo monarca universal com o coração partido. Essa pessoa também é humilde devido ao coração partido. É uma pessoa real. Mas ao mesmo tempo, há muita presença, no sentido positivo. A sensação desse estado de ser é como olhar para onde o horizonte encontra o oceano. É bastante difícil distinguir o ponto exato em que o mar se dissolve no céu. Assim, o céu e a terra são um só.

Essa é a melhor descrição da invocação do cavalo de vento que posso oferecer. Você precisa vivenciar isso. Realmente não é possível falar muito sobre isso. De certa forma, é uma experiência física, mas por outro lado, também é psicológica. Após montar um cavalo tão bom, você teve um relance do que seria conquistar o universo. Não se trata de conquistar o universo no sentido de obter poder e riqueza e de subjugar os outros. Não estamos falando de se sentir bem impondo o seu poder sobre os outros. A questão é mais psicológica. Abordamos a experiência máxima de sentir-se completo e real. Não é preciso conquistar mais nada. Você conquistou plenamente o que precisava ser conquistado. A bondade fundamental, a autenticidade e a coragem vêm disso.

Conclusão

Em certo sentido, o que discutimos aqui foi bem simples e lógico. A proclamação da sanidade amável pode parecer óbvia e quase auto-evidente, mas por outro lado, é de algum modo extraordinária. Quanto mais você se aprofunda na sabedoria de Shambhala, mais percebe o aspecto extraordinário desses ensinamentos.

Se você não tiver alguma experiência da prática da meditação sentada, talvez ache difícil desenvolver uma compreensão profunda do que eu tenho tentado dizer. E talvez ache difícil cultivar esses ensinamentos na vida cotidiana. Uma das melhores maneiras de desenvolver e aplicar a sua compreensão é através da prática da meditação sentada. É muito importante cultivar essa disciplina.

Quando você pratica essa disciplina, pode ver muitos problemas em você próprio e na sociedade, mas por favor não rejeite a si mesmo, nem rejeite o seu mundo. Já falamos sobre a virtude da renúncia, mas isso não significa que você deva desistir do mundo. A renúncia aqui é renunciar a um apego mesquinho à privacidade. Você pode mergulhar na vida e se envolver nela. Ao continuar a jornada de sua vida pelo medo e pela coragem, por favor lembre-se de apreciar o mundo.

Primeiro você tem que se desenvolver; depois pode começar a lidar com os outros. Na tradição de Shambhala, não colocamos o carro na frente dos bois, por assim dizer. Como guerreiros, só vestimos uma armadura para ir a uma batalha contra o sol poente quando estamos seguros de que estamos fundamentalmente fortes, bem treinados e com boa saúde. Em essência, sabemos que possuímos a confiança incondicional, de modo que podemos ficar de pé por nossa própria conta, sem precisar de muletas. Também temos a certeza de que as armas que usamos e a armadura que vestimos são bem feitas. A armadura da amabilidade e da coragem nos cai bem e está perfeitamente ajustada, para que trabalhe conosco e não contra nós.

Embora nossa discussão sobre o desenvolvimento da condição humana de guerreiro utilize muitas analogias, cheias de detalhes, de batalhas e guerras, ser um guerreiro na tradição de Shambhala não tem nada que ver com a agressividade e a guerra usuais no mundo. O guerreiro é alguém que é corajoso o suficiente para viver em paz neste mundo. A coragem é necessária em cada etapa da vida. Se por alguma razão um recém-nascido tem medo de mamar no peito da mãe, temos que ajudá-lo a se conectar com esse mundo. Ele precisa ser um guerreiro para não rejeitar a fonte de alimento de seu mundo. Então, embora ser um guerreiro possa ter diferentes conotações, a definição básica, fundamental, é abraçar a bondade.

Quando falamos sobre assuntos que parecem tão complexos como unir céu e terra e fazer surgir o cavalo de vento, precisamos sempre lembrar que, em essência, esses ensinamentos são apenas uma questão de despertar a nossa natureza de bondade inata, que é totalmente desprovida de agressividade. Quando há agressividade, você perde sua confiança e energia. Você se torna fraco, obstinadamente autocentrado e raivoso. Se não houver raiva, você pode se elevar e se expandir. Percebe que a vida é cheia de graça e alegria.

A coragem autêntica surge a partir dessa conexão com a *bondade* fundamental, incondicional. Por bondade aqui, simplesmente queremos dizer ser você mesmo. Aceitar-se — em vez de tentar ser bom comportando-se de forma solene e religiosa — leva a uma confiança elevada no corpo, na fala e na mente. Quando a bondade e a virtude são despertadas através da prática da meditação sentada, você se prepara para ter uma boa postura e para harmonizar mente e corpo. Então a bondade ou virtude se desenvolve de forma natural em sua fala e ao longo de sua vida, e você encontra o modo genuíno de lidar com os outros.

Ser autêntico significa não ser agressivo e ser verdadeiro consigo mesmo. Muitos se sentem atacados por sua própria agressividade e por sua miséria e dor. Mas nada disso apresenta um obstáculo em particular. Precisamos, em primeiro lugar, desenvolver a bondade em relação a nós mesmos, e então desenvolver a bondade para com os outros. Essa atitude pode parecer muito simples, o que de fato é. Ao mesmo tempo, é algo *muito* difícil de ser praticado.

A dor gera o caos, o medo e o ressentimento, e temos que superar isso. É uma lógica bem simples. Quando conseguimos superar o medo, descobrimos a alegria intrínseca, e passamos a ter menos ressentimento em relação ao mundo e a nós mesmos. Ao estar aqui de modo natural, temos menos ressentimento. Quando ficamos ressentidos, transportamo-nos para outro lugar, porque estamos preocupados com outra coisa. Ser um guerreiro é estar simplesmente aqui sem distração nem preocupação. E quando estamos aqui, ficamos alegres. Podemos sorrir para nosso medo.

Assim, a coragem não é o simples resultado de superar ou dominar o medo. Para o guerreiro, a coragem é um estado de ser positivo. É pleno de prazer, alegria e brilho nos olhos. Mahatma Gandhi foi um exemplo de alguém que encarnou essa virtude e coragem. Gandhi estava totalmente comprometido a ajudar a Índia a tornar-se uma nação independente. Ele aceitou todos os obstáculos, todos os problemas, e utilizou todos os meios possíveis para conquistar a independência sem violência. Em nossa própria vida, é possível aplicar uma versão em grau menor desse tipo de coragem. Podemos ser destemidos e autênticos, amáveis e ousados. Mas para isso, temos que manter o senso de humor, sempre.

Cada vez que houver dúvida, haverá um novo degrau em sua escada. A dúvida está lhe dizendo que você precisa subir outro degrau. Cada vez que houver um obstáculo, você sobe mais um degrau, indo além, passo a passo. Você sobe um degrau de cada vez até vir o Sol do Grande Leste. Eu não aconselharia que no início você olhasse o Sol do Grande Leste diretamente — a luz poderia queimá-lo — mas tampouco aconselharia que você usasse óculos escuros o tempo todo. À sombra da coragem, você pode apreciar a luminosidade que vem do Sol do Grande Leste, e então pode apreciar como ele ilumina as cores de tudo o que está a seu redor. Então, aos poucos, mas com certeza, você de fato verá o Sol do Grande Leste diretamente sem que ele o cegue. Esse é o caminho do guerreiro, e esse é o modo como podemos conquistar o medo.

Você pode se sentir solitário em sua jornada; no entanto, você não está sozinho. Se afundamos, você e seus camaradas guerreiros e eu afundaremos todos juntos. Se nos elevamos, nos elevaremos juntos. Assim, você tem companheiros, mesmo que nunca tenhamos nos encontrado pessoalmente. Na tradição de Shambhala, choramos muito porque nossos corações são muito delicados. E lutamos contra o sol poente porque sentimos que a bondade fundamental merece que se lute por ela, por assim dizer. Nossos obstáculos podem ser vencidos. Por isso, devemos chorar e lutar, sabendo que o choro do guerreiro é um tipo diferente de choro e que a batalha do guerreiro é um tipo diferente de batalha.

Como um guerreiro sem agressividade, você é destemido e bom. Basicamente, você é incapaz de cometer um erro, então por favor alegre-se. Mesmo na maior escuridão de uma época de trevas, sempre há luz. Essa luz vem com um sorriso, o sorriso de Shambhala, o sorriso da coragem, o sorriso de perceber o melhor do melhor do potencial humano. Todos os ensinamentos, o próprio sangue do coração de Shambhala, são seus. Todos nós fazemos parte da mesma família humana. Vamos sorrir e chorar juntos.

A coragem e a alegria são verdadeiramente suas

Quando um rei guerreiro dá um presente,
Pode ser uma chama nua, que consome a floresta do ego,
Ou uma cordilheira coberta de neve, que esfria o calor da agressividade.
Mas também pode ser um paraquedas.
Nós nos perguntamos se ele vai se abrir ou não.
Há ainda outra possibilidade — o raio:
Se você será capaz de segurá-lo com a própria mão, depende de você.
Assim, minha criança querida, aceite esses presentes e os use
Como fizeram os guerreiros do passado.

Posfácio

Sorria para o medo é o último dos três volumes que apresentam os ensinamentos de Shambhala de Chögyam Trungpa Rinpoche. Trabalhei muito intensamente com o autor no primeiro livro, *Shambhala: A Trilha Sagrada do Guerreiro*. Foi a primeira vez que trabalhei como editora-chefe de um dos livros de Rinpoche para publicação. Fazendo um retrospecto, é impressionante que ele tenha confiado em mim para editar o material, pois eu era bastante inexperiente e jovem para a tarefa. Suponho que, de certa forma, esse era o caso em relação a todos os alunos dele, naquela época. No entanto, devido a seu gênio e sob sua orientação e com muitas outras pessoas colaborando, esse esforço foi bem sucedido. O livro foi publicado em 1984. Foi bem recebido, e ainda é até hoje.

Depois de sua morte em 1987, o sucesso do primeiro livro me deu confiança para editar um pouco da riqueza do material que havia sobrado. Com o apoio da editora Shambhala Publications, *Great Eastern Sun: The Wisdom of Shambhala* ("O Sol do Grande Leste: a sabedoria de Shambhala") foi publicado em 1999. Eu dei uma ajuda na edição desse livro, e espero que ele tenha conservado a energia das apresentações que lhe deram origem.

Agora, dez anos depois, *Sorria para o medo* foi publicado. O tema do medo e da coragem foi primeiramente apresentado em *Shambhala*, e a associação de coragem com um coração terno e triste é um dos temas mais marcantes desse livro. Ao longo dos anos, eu pude ver que a coragem era um componente dos ensinamentos de Shambhala em todos os níveis e que Rinpoche com frequência a considerava como o centro ou o coração desses ensinamentos. Comecei a pensar em tornar os ensinamentos acerca do medo e da coragem o foco do último livro. Com o desdobrar dos acontecimentos nos últimos dez anos, esses ensinamentos sobre o medo e a coragem pareciam ser exatamente os ensinamentos que podiam ser os mais úteis para essa era. E, por coincidência, muitos deles provinham de palestras que ainda não haviam sido publicadas. Como tantas vezes ao longo de sua vida, Rinpoche de novo parecia ter percebido com intuição e precisão surpreendentes quais ferramentas seriam necessárias para lidar com a experiência do século XXI. Ele inseriu essas ferramentas — ou armas, como um guerreiro poderia chamá-las — nos ensinamentos de Shambhala, de modo que estivessem à mão quando fosse preciso.

Para este livro, utilizei uma grande variedade de material, como está detalhado na seção Fontes. Em consulta a meu editor da Shambhala Publications, Eden Steinberg, decidi correr alguns riscos na edição com o objetivo de produzir um fluxo contínuo e coerente, de modo que o livro pudesse ser lido como um todo unificado e não como um conjunto de palestras ou de artigos. Também busquei revelar, tanto quanto possível, a atualidade e o caráter sincero desses ensinamentos.

Na elaboração dos três livros, sempre tive em mente as instruções e os comentários feitos diretamente a mim por Chögyam Trungpa em relação ao primeiro livro. (Você encontra uma discussão detalhada a esse respeito na introdução ao volume 8 de *The Collected Works of Chögyam Trungpa* ["Obras reunidas de Chögyam Trungpa"]). Essa introdução está disponível online em: www.shambhala.com/html/new/specialoffers/trungpa/v8_intro.pdf.) A abordagem editorial que adotei em *Sorria para o medo* foi pautada pelo desejo de Rinpoche de atingir o maior número possível de pessoas com esses livros.

Tive cuidado ao acrescentar palavras minhas às do autor, mas em certos momentos achei necessário inserir uma explicação ou uma frase que possibilitasse a continuidade da argumentação. Também atualizei algumas referências. Por exemplo, quando Chögyam Trungpa em 1978 menciona as pessoas que frequentavam o *Dairy Queen*, substituí por *Starbucks*. *Perambulator* foi substituído por *baby stroller* (carrinho de bebê), além de outras mudanças que julguei adequadas. Referências de gênero também foram atualizadas, pois acho que Rinpoche teria apreciado isso. Ele diversas vezes ressaltava em suas palestras sobre Shambhala que "guerreiro" é um termo que se aplica igualmente a homens e mulheres corajosos.

Quando apresentava os ensinamentos de Shambhala, Rinpoche enfatizava a importância da meditação e de como a compreensão dos ensinamentos bem com a conexão com eles advinham dessa prática. Em certo sentido, os ensinamentos se revelavam a partir da prática. Como suas instruções para a prática eram únicas e de certa forma incomuns, especialmente em relação à ênfase no espaço e na identificação com a expiração, achei importante que sua abordagem da meditação fosse apresentada aqui de modo claro.

Uma pessoa pode tentar praticar meditação apenas com base na leitura desses livros. No entanto, o próprio Rinpoche sempre enfatizou a importância de se receber uma instrução pessoal para a meditação. A seção Informações fornece dados sobre centros em que você pode aprender a meditar. Para os que já possuem alguma experiência em meditação, acredito que a abordagem de Rinpoche sobre a prática também será útil. A perspectiva e os detalhes de qualquer prática de meditação irão influenciar a percepção do praticante em sua vida cotidiana e em sua prática. Acho que a conexão entre a abordagem única da meditação de Chögyam Trungpa e a profundidade e atualidade dos ensinamentos de Shambhala não é apenas uma coincidência.

A utilização que Rinpoche faz da realeza como símbolo e metáfora recorrentes pode parecer anacrônica para alguns leitores. Ela busca se dirigir à aspiração humana a uma vida boa, elevada e plena. Na tradição *vajrayana* do budismo, o praticante em algumas cerimônias recebe uma coroa, um cetro, e até um novo nome como parte da capacitação para começar a prática. Isso possui algumas semelhanças com a ideia introduzida por Trungpa Rinpoche de você governar seu próprio mundo como rei ou rainha. Ele tinha uma visão de certo modo democrática acerca da monarquia, pois achava que todo ser humano era capaz de desempenhar esse papel na vida. A capacidade de enxergar o melhor das pessoas reflete a perspectiva sagrada que ele imprimiu a cada momento e experiência da vida. Ele de fato via as pessoas com as quais lidava como uma potencial realeza. Lembro-me que uma vez alguns amigos disseram que Rinpoche passara uma tarde descrevendo como cada um deles iria aparecer *quando* se tornassem um buda. Não se, mas quando.

De modo semelhante, o uso que Rinpoche faz da metáfora do guerreiro surgiu de sua própria experiência. Ele estava intimamente familiarizado com o modo como o medo e a coragem atuavam em sua vida, e desejava de verdade compartilhar sua compreensão de como a experiência do medo pode nos ajudar a enfrentar os desafios da vida com coragem, em vez de considerarmos o medo um inimigo. Isso se vê bem pelo modo como ele mesmo constantemente se arriscou e também como encorajava seus alunos a fazerem o mesmo. Encorajar-me a ser a editora de *Shambhala* é apenas um pequeno exemplo de como ele confiava em seus alunos e os incentivava a empreender coisas que talvez sequer imaginássemos que seríamos capazes de fazer, ainda que desejássemos fazê-las. Isso, acho, é um motivo pelo qual muitos de seus alunos sentem que nunca poderão fazer o bastante para retribuir sua bondade.

Agradecimentos

Muitas pessoas ajudaram na gravação e transcrição do material usado em *Sorria para o medo*. Em especial, Tingdzin Otro passou muitas horas transcrevendo previamente material não utilizado, depois que Gordon Kidd do Shambhala Archives forneceu as fitas para transcrição. Sou imensamente grata a ambos pelo esforço. O pessoal dos Archives foi generoso liberando o acesso ao vasto material que preservam. Parte do material usado aqui já havia sido gravado, transcrito e, alguns casos, editado para utilização em outros contextos. Agradeço a David Rome, Judith Lief, Sara Coleman, Helen Berliner, Barbara Blouin, Richard Roth, Paul Halpern, Robert Walker, Bruce Wauchope, Ned Nibet entre outros por essas contribuições iniciais.

Em 2001, após os ataques de 11 de setembro, Melvin McLeod incentivou-me a editar um artigo de Chögyam Trungpa sobre medo e coragem para a revista *Shambhala Sun*. Isso me levou de volta a um seminário de 1979. Reeditei o material para a *Sun* e, a partir de então, comecei a pensar no livro. (Esse artigo está presente aqui como um ensinamento fundamental.) Agradeço a Melvin por seu papel inspirador.

Muitas pessoas da *Shambhala Publications* atuaram de alguma maneira na elaboração desses três livros. Samuel Bercholz, fundador e editor-chefe da *Shambhala Publications*, financiou a publicação dos três. Sua forte ligação com o assunto deu um respaldo importante. Hazel Bercholz desempenhou um papel de destaque na composição gráfica das três capas, estabelecendo uma poderosa conexao entre aparência e significado, o que em parte veio do darma visual que ela estudou com o próprio autor. Meus agradecimentos vão também para Liza Matthews que elaborou a composição gráfica final da capa de *Sorria para o medo*. Emily Hilburn Sell foi a editora paciente e insistente de *Great Eastern Sun*. Suas considerações sobre o material e seus comentários críticos foram de valor inestimável. Eden Steinberg é a editora de *Sorria para o medo*. Ela trouxe uma nova sensibilidade ao ler o material. Ela tem um jeito de conduzir o processo editorial que é ao mesmo tempo delicado e incisivo, e sempre achei que seu envolvimento agrega qualidade aos livros nos quais trabalhamos juntas. Peter Turner também foi um incentivador em momentos cruciais. Kendra Crossen foi editora de *The Collected Works of Chögyam Trungpa* e revisora de *Sorria para o medo*. A mão delicada e meticulosa e o olhar incisivo fazem com que ela melhore tudo em que trabalha, de um jeito que é de certa forma invisível embora inegável. Também gostaria de agradecer a Jonathan Green, que trabalha com os direitos, contratos e permissões no exterior de todos os livros de Chögyam Trungpa. Obrigada a Ben Gleason pelas contribuições editoriais e a Daniel Urban-Brown pela composição gráfica do livro.

Também gostaria de agradecer aos membros de minha família, que apoiaram o meu trabalho editorial ao logo dos anos de diversas formas, do suporte financeiro para que eu não tivesse esse tipo de preocupação ao ainda mais importante apoio psicológico e espiritual. Em especial, agradeço a meus pais, Edward e Evelyn Rose, já falecidos; a meu marido, James e a minha filha, Jenny. Além de minha família biológica, agradeço também a meus irmãos e irmãs darma, que incentivaram o meu trabalho de várias maneiras.

A família de Rinpoche apoia a publicação de sua obra há muitos anos, e agradeço a todos. A viúva do autor, Diana Mukpo, continua a incentivar a publicação de novas obras, e sua supervisão aguçada, seu modo de proteger os ensinamentos e sua gentileza e cordialidade em relação a mim têm sido de grande importância. O filho mais velho de Rinpoche, Sakyong Mipham Rinpoche, como budista e detentor da linhagem Shambhala, continua a apresentar os ensinamentos de Shambhala elaborados pelo pai. Seus próprios ensinamentos refletem essa conexão. Sou grata a ele por essa dedicação e ajuda. Os alunos sênior de

Trungpa Rinpoche mantêm seu legado de inumeráveis formas. E muito importante, novos alunos continuam a descobrir a obra de Chögyam Trungpa e a beneficiar-se da sabedoria de Shambhala.

Ao próprio Chögyam Trungpa, mestre brilhante e absoluto, faço uma profunda reverência Shambhala. Que o mundo possa respirar o ar da bondade e da coragem que sai por seus lábios, dispersando as nuvens da ignorância. Que possamos ver o sorriso de Shambhala, que é também o seu sorriso, nas faces daqueles com quem encontramos. Não há agradecimento suficiente para a dádiva desses ensinamentos. Que possamos aplicá-los na vida e na morte, e que eles possam salvar todos os seres sensíveis das maldades beligerantes do sol poente.

Carolyn Rose Gimian
Halifax, Nova Escócia

Fontes

A epígrafe de Chögyam Trungpa no início do livro é uma citação de "Mirrorlike Wisdom", em *Great Eastern Sun: The Wisdom of Shambhala* (Boston: Shambhala Publications, 1999), p.75. © 2001, Diana J. Mukpo. Uso com autorização.

A Parte 1 é baseada principalmente em "Warriorship in the Three Yanas", um seminário que não havia sido publicado e que foi realizado no Rocky Mountain Dharma Center (atual Shambhala Mountain Center), em Red Feather Lakes, Colorado, de 22 a 27 de agosto de 1978. Outras fontes incluem "Dathun Letter", um artigo inédito sobre meditação, compilado de apresentações do início da década de 1970 para alunos que começavam o *dathun*, programa de meditação com duração de um mês; a palestra de abertura do seminário "The Warrior of Shambhala" no Naropa Institute (atual Naropa University), realizada no verão de 1978; e a palestra de abertura de um seminário sobre meditação no Naropa Institute, realizada em 12 de junho de 1974. O Capítulo 7, "A educação do guerreiro", tem como base o material de *The Collected Kalapa Assemblies: 1978-1984* (Halifax, Nova Escócia: Vajradhatu Publications, 2006), p.133-38. Uso com autorização. O Capítulo 8, "Não-violência", foi publicado originalmente como "The Martial Arts and the Art of War" em *The Collected Works of Chögyam Trungpa*, volume 8, p. 413-19. © 2004, Diana J. Mukpo. Uso com autorização.

Os Capítulos 9 a 11 da Parte 2 foram retirados, passando por uma pequena reelaboração, do artigo "Conquering Fear", o qual foi publicado no exemplar de março de 2002 da revista *Shambhala*

Sun, p. 26-33, 70-74. © 2002, Diana J. Mukpo. Uso com permissão. Esse artigo também foi publicado no volume 8 de *The Collected Works of Chögyam Trungpa*, p. 394-407. Os Capítulos 12 a 14 foram compilados e organizados a partir de conferências não publicadas proferidas por Chögyam Trungpa no Shambhala Training Program em 1982 e 1983. Os diversos seminários intitulavam-se simplesmente Nível B/F ou Nível F. Eles não correspondem a nenhuma nomenclatura em uso nesse programa hoje em dia.

A Parte 3 é uma versão recém editada de palestras dirigidas a diretores do Shambhala Training em 1978.

A Conclusão é baseada em material do Nível B/F e do Nível F mencionados acima, e também de uma pequena quantidade de material extraído de *Great Eastern Sun: The Wisdom of Shambhala*, © 2001, Diana J. Mukpo. Uso com permissão.

"A coragem e a alegria são verdadeiramente suas" é um fragmento de um poema mais longo, não publicado, escrito para o Regente Vajra Ösel Tendzin como saudação por seu aniversário, composto em 20 de agosto de 1981.

Outras leituras e informações

Leituras

Dois outros livros de Chögyam Trungpa sobre o caminho da condição de guerreiro de Shambhala são: *Shambhala: The Sacred Path of the Warrior* (Shambhala: A trilha sagrada do guerreiro: Cultrix, 6a ed. 2011) e *The Great Eastern Sun: The Wisdom of Shambhala*. Uma caixa — *Shambhala: The Sacred Path of the Warrior, Book and Card Set* — inclui uma edição do livro em brochura, um pequeno manual de instruções e um conjunto de cartões com frases que podem ser usadas para se refletir sobre os ensinamentos de como lidar consigo mesmo e com os outros.

Ocean of Dharma: The Everday Wisdom of Chögyam Trungpa apresenta 365 breves citações inspiradoras retiradas da obra de Chögyam Trungpa. Uma análise adicional da prática de meditação e uma abordagem aprofundada da atenção plena e da meditação consciente (*shamatha* e *vipashyana*) são fornecidas por Chögyam Trungpa em *The Path Is the Goal: A Basic Handbook of Buddhist Meditation*.

Cultivar a bondade-amorosa e a compaixão em relação a todos os seres está na raiz da abordagem de Chögyam Trungpa para lidar com os outros. *Training the Mind and Cultivating Loving-Kindness* apresenta cinquenta e nove frases ou aforismos relacionados à prática da meditação, que mostram um caminho prático para tornar-se amigo de si próprio e desenvolver a compaixão pelos outros.

The Sanity We Are Born With: A Buddhist Approach to Psychology (Muito além do divã ocidental: uma abordagem budista da psicologia. Cultrix, 2008) fornece uma excelente visão geral dos escritos de Chögyam Trungpa acerca da visão budista da mente, da prática de meditação e da aplicação dos ensinamentos budistas na psicologia e na resolução de problemas humanos e psicológicos de insegurança, depressão e neurose. Para leitores interessados em uma visão geral do caminho budista, as seguintes obras são recomendadas: *Cutting Through Spiritual Materialism* (Além do materialismo espiritual. Cultrix, 1986), *The Myth of Freedom and the Way of Meditation* (O mito da liberdade e o caminho da meditação. Cultrix, 1987) e *The Essential Chögyam Trungpa.*

Os ensinamentos de Chögyam Trungpa para aplicar uma abordagem meditativa em relação à arte e a ser talentoso na vida cotidiana são apresentados em *True Perception: The Path of Dharma Art* (Dharma/Arte: a percepção verdadeira. Dharma/Arte, 2010). Nesse contexto, ele apresenta vários ensinamentos relacionados ao caminho da condição de guerreiro de Shambhala.

Informações

Ocean of Dharma Quotes of the Week disponibiliza os ensinamentos de Chögyam Trungpa Rinpoche via internet. Um *e-mail* é enviado diversas vezes por semana contendo um trecho dos extensos ensinamentos de Chögyam Trungpa. As citações são selecionadas por Carolyn Rose Gimian de material inédito, publicações no prelo ou de fontes já publicadas. Para assinar ou ver as citações *online*, consulte www.ocenofdharma.com.

A Shambhala Internacional é uma comunidade global com mais de 170 centros e grupos em todo o mundo, e com milhares de membros individuais. Os Centros de Meditação Shambhala oferecem cursos de meditação e de outras artes e disciplinas contemplativas. Para maiores informações em relação à instrução de meditação, você pode visitar a página da Shambhala Internacional, www.shambhala.com. O site contém informações sobre os centros filiados a Shambhala. Para publicações da Shambhala Internacional, incluindo livros e material audiovisual, acesse www.shambhalashop.com.

O Chögyam Trungpa Legacy Project apoia a preservação, difusão e publicação dos ensinamentos darma de Trungpa Rinpoche. Isso inclui planos para a criação de um arquivo virtual completo e uma comunidade de aprendizagem. Para informações, acesse www.chogyamtrungpa.com. Para informações sobre o arquivo da obra do autor, entre em contato com Shambhala Archives: archives@shambhala.org.

A *Shambhala Sun* é uma revista budista bimestral fundada por Chögyam Trungpa Rinpoche. A revista também contém uma lista de centros que oferecem instruções e programas de meditação de várias tradições budistas, em toda a América do Norte. Para assinatura ou amostra grátis, acesse www.shambhalasun.com.

Buddhadharma: The Practioner's Quarterly é publicado quatro vezes ao ano. Uma lista de centros de meditação com instruções pode ser encontrada no periódico. Para assinatura ou amostra grátis, acesse www.thebuddhadharma.com.

Sobre Chögyam Trungpa

Nascido no Tibete em 1940, Chögyam Trungpa Rinpoche foi reconhecido na infância como um importante mestre reencarnado. Sua geração foi a última a receber a educação completa dos ensinamentos budistas ainda no Tibete. Abade dos monastérios de Surmang e governador do Distrito Surmang do Tibete Oriental, Trungpa Rinpoche foi obrigado a abandonar sua terra natal em 1959 para fugir da perseguição dos comunistas chineses. A angustiante travessia pelo Himalaia em busca da liberdade durou dez meses.

Após vários anos na Índia, onde foi conselheiro espiritual na escola para jovens lamas, Rinpoche emigrou para a Inglaterra, onde estudou na Universidade de Oxford, e fundou o Centro de Meditação Samye Ling na Escócia. Depois de um grave acidente de carro em 1969, que ele considerou uma mensagem para ser mais aberto e corajoso, Trungpa Rinpoche abandonou os trajes monásticos e tornou-se um professor leigo, para se comunicar de forma mais direta com seus alunos ocidentais. Em janeiro de 1970, casou-se com Diana Judith Pybus e logo depois emigrou com ela para a América do Norte, onde permaneceu até morrer em 1987.

Um dos primeiros detentores da linhagem tibetana a apresentar os ensinamentos budistas em inglês, Chögyam Trungpa tornou-se uma das mais importantes influências para o desenvolvimento do budismo no Ocidente, graças a seu domínio da língua inglesa e a sua compreensão da mentalidade ocidental. Ele fundou centenas de centros de meditação pela América do Norte, fundou a Naropa University em Boulder, Colorado — a primeira universidade de inspiração budista na América do Norte — e atraiu milhares de alunos devotados que receberam dele ensinamentos avançados e continuaram difundindo seus ensinamentos e legado na América do Norte. Chögyam Trungpa também agiu em prol da vinda de muitos outros grandes detentores de linhagens tibetanas para ensinar na América do Norte.

Ele também criou o Shambhala Training, um programa elaborado para apresentar a meditação e a tradição Shambhala da condição de guerreiro para o grande público. Autor de mais de duas dúzias de livros populares sobre budismo, meditação e o caminho Shambhala da condição de guerreiro, Rinpoche foi um mestre ecumênico que buscava a sabedoria em outras escolas budistas e em outras religiões. Ele também estudou e promoveu uma consciência contemplativa das artes visuais, design, poesia, teatro e outros aspectos da arte e cultura ocidentais.

Chögyam Trungpa faleceu em 1987, em Halifax, Nova Escócia, aos quarenta e sete anos. Ele deixou esposa e cinco filhos. O filho mais velho, Sakyong Mipham Rinpoche, o sucedeu como detentor da linhagem e líder espiritual de Shambhala.

Trungpa Rinpoche é amplamente reconhecido como figura fundamental na introdução do *buddhadharma* no mundo ocidental. Ele uniu o grande respeito que sentia pela cultura ocidental a uma profunda compreensão da tradição de sua própria cultura. Isso levou a uma abordagem revolucionária do ensinamento do darma, na qual os ensinamentos mais antigos e profundos eram apresentados de uma forma totalmente contemporânea. Trungpa Rinpoche é reverenciado por sua corajosa proclamação dos ensinamentos: livre de hesitação, fiel à pureza da tradição e absolutamente nova.

Índice

Este livro foi composto na tipologia Minion Pro, em corpo 11/13,5,
e impresso pela Gráfica SmartPrinter, em papel offset 90g/m².